すぐに▼役立つ

◆これだけは知っておきたい！◆

最新 暮らしの税金
しくみと手続き

公認会計士・税理士 **武田 守** 監修

三修社

はじめに

　私たちが、社会で生活をしていく中において、様々な税金と関わりを持ちます。たとえば、個人事業者として自ら起業する場合には、年1回の確定申告により税金を納めるだけではなく、税金の種類によっては毎月のように納めなければならないものや、特定の取引の発生の都度納めるものなどがあります。

　一方、サラリーマンとして会社勤めなどをしている場合には、通常は会社が個人に代わって税金計算を行い、年末調整などによりほぼ自動的に納付手続きまで行ってくれます。しかし、サラリーマンであっても、知っておかないと損をしてしまう多くの税金優遇制度があったり、個人事業者と同じように確定申告が必要となる場合や、プライベートでマイホームを購入したり、相続が発生したりすれば、その時々で多くの税金がかかる場合があります。したがって、正しい納税そして正しい節税を行うためにも、身近な税金のしくみや制度を知っておく必要があります。

　本書は、個人事業者やサラリーマンなどの個人に関わる税金を中心に説明した入門書です。具体的には、所得税の全般的な知識や、不動産や自動車を購入した際に支払う税金、株式への投資を行う際に支払う税金など、個人の生活で身近に発生する様々な税金を横断的に説明しています。また、昨今の超高齢化社会の中で益々身近になっていると思われる相続や贈与に関する税金や、知っておいて損はないその他の税金（例　関税、酒税）などを限られたページ数の範囲でできる限り紹介しています。

　本書をご活用いただき、皆様のお役に立てていただければ監修者として幸いです。

監修者　公認会計士・税理士　武田　守

Contents

第4章　不動産に関する税金の知識

第1章

税金の全体像を知る

税金の原則について知っておこう

公共サービスを提供するための財源である

● 課税は法律や条例に基づいている

　国や地方自治体の財政は、私たちが納めている税金によって成り立っています。税金は、国や地方自治体が公共サービスを提供するのに必要な経費について、国民や住民にその負担を求めるもの（お金）だといえます。

　国や地方自治体が税金を徴収できる根拠は、日本国憲法30条にあります。ここには、「国民は、法律の定めるところにより、納税の義務を負ふ」と規定されています。

　また、憲法84条では「あらたに租税を課し、又は現行の租税を変更するには、法律又は法律の定める条件によることを必要とする」としています。これは、その課税対象、納税義務者、課税標準、税率といった課税要件などは、法律によって定めなければならないということです。

　このように、国や地方自治体が税金を課する場合には、法律や条例に基づかなければなりません。この考え方を**租税法律主義**といいます。現在では、毎年のように各種の租税法の改正等が行われています。たとえば、最近では毎年12月頃に政府与党により「○○年度税制改正大綱」という草案が作成・公表され、翌年の3月頃までに国会で「○○年度税制改正」として新制度が成立することが一般的です。

● 能力に応じて平等に負担

　日本国憲法14条は税制の基本である租税平等主義についても保障しています。国民は負担できる能力（担税力）に応じて税金を納め、各種の租税法律関係において平等に扱われることになっています。

租税平等主義は以下の３原則によって構成されています。

① **公平の原則**

国民のすべてが平等に課税されるという原則です。担税力が高い人には税の負担も相応にし、また、担税力が同じであれば税の負担を等しくするという原則です。

② **中立の原則**

民間の経済活動において税制が影響を与えることがないように種々の措置をとるという原則です。

③ **簡素の原則**

納税手続がわかりやすく、費用がかからない方法で徴収できるようにするという原則です。

● 能力に応じた徴税

税金の支払能力から見れば、所得や所有資産などの大きさ（能力）に応じた税負担が必要です。つまり負担能力の高い人には多く税金を負担してもらい、負担能力の低い人には税金を少なくし、富の格差を縮め、社会の安定化を図るという役割です。

具体的には、所得税、贈与税や相続税などの税金は、所得や所有資産などが増えれば増えるほど税率が高くなるという累進税率課税を採

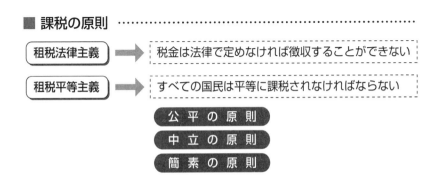

■ **課税の原則** ・・・・・・・・・・・・・・・・・・・・・・・・・・・・・・・・・・・・

| 租税法律主義 | ➡ | 税金は法律で定めなければ徴収することができない |
| 租税平等主義 | ➡ | すべての国民は平等に課税されなければならない |

公 平 の 原 則

中 立 の 原 則

簡 素 の 原 則

用しています。

　また、贈与、相続による不労所得に課税して公平性を保とうという考えから贈与税や相続税があります。個人から金銭や不動産などの財産をタダでもらったりしたときにかかるのが贈与税で、相続税は、亡くなった人が残した財産に対してかかる税金です。

　このように能力に応じた税負担にすることで経済的に豊かな人から多くの税金を徴収し、豊かでない人には公共サービスとして給付する、というのが再配分の役割です。

● 好況・不況による増減税

　好況期には所得が増えることで税負担が増し、逆に不況期には所得が減ることで税負担が減少します。税金には、自動的に景気の変動を緩やかにするはたらきがあります。また、景気後退時に減税、景気過熱時には増税を行うことで、景気を調整する役割があります。

● 租税特別措置法による経済政策

　国が、経済政策などを推し進める上で、期限を限って法制化しているものに**租税特別措置法**があります。この法律の趣旨は、各種税法を適用する上で、「令和○年○月○日まで…○○の規定にかかわらず…」といった言い回しで各種の例外規定を定めています。

　たとえば、税負担を軽くするための措置として**特別償却**があります。特別償却とは、通常の減価償却の他に取得価額の一定の割合（30％等）の特別償却を実施することで早期の償却を促し、税負担の軽減を図ります。それにより企業に節税効果がある制度であることを知らしめ、設備投資を促しながら経済の活性化を図ろうとする経済政策のひとつです。また、算出された税額から一定の税額を控除して納税額を減額する税額控除なども、租税特別措置法の中で適用期限を切って定めています。

2 税金の種類を知っておこう

納める先による分類、納め方による分類などがある

● 様々な分類の全体像をつかむ

　税金は、どこに納めるのか、どのような形で納めるのか、何に対してかかるのかなどによって、以下のように分類できます。

・国税と地方税

　国税とは、国に納める税金で、地方税は都道府県や市区町村に納める税金です。地方税はさらに、道府県税（道府県民税、事業税、不動産取得税など）と、市町村税（市町村民税、固定資産税、軽自動車税など）に分類されます。税務署は国税だけを取り扱う機関であり、地方税は道府県税に関しては都道府県税事務所が取り扱い、市町村税に関しては市区町村の税務担当課が取り扱います。

・内国税と関税

　国税は、関税と内国税に分けられます。関税は、原材料や製品などを輸入するというような海外取引を行うときに課税される税金で、目的は国内産業の保護と財政の収入確保です。これに対して、内国税は、国内の人やものなどに課せられる税金で、具体的には収入、財産、消費、流通にかかる税金があります。

・直接税と間接税

　直接税とは、税金を納める人と負担する人が同じ税金で、所得税、法人税などがあります。会社などの法人であれば、毎年負担する法人税を計算して納めています。また、一般的な会社員は、所得税や住民税は給料から天引きされ、直接税金を納付するという認識はないかもしれませんが、会社が納税を代行するだけであるため、これも直接税になります。自分で事業を営んでいる場合は、１年間で納めるべき税

金を計算した確定申告書を提出し、自ら所得税や住民税を納めること
になります。

　一方、間接税は、税金を納める人と負担する人が異なる税金で、代
表的なものは消費税です。たとえば、スーパーで商品を買った時、そ
の商品購入にかかる消費税は購入者が負担します。そして、スーパー
側では商品の代金を受け取ると共に消費税を預かり、購入者に代わっ
て税務署に納めることになります。その他、間接税にはたばこ税、酒
税や印紙税などがあります。

　税収は景気に左右されますが、とくに、直接税には顕著に表れます。
所得税や法人税は個人や法人の所得に税率を掛けて計算されますので、
個人や企業の収入の変動の波をかぶることになります。景気が良けれ
ば個人も企業も収入が増え、同時に税収が増えます。最近では、所得
税は全税金収入のうち約３割、法人税は約２割を占めています。間接
税も好景気で消費が活発になれば税収は増えますが、直接税ほど影響
は受けないので、安定した税収源といえます。なお、消費税は全税金
収入のうち約３割を占めています。

・収得税・財産税・消費税・流通税

　課税物件（何に対してかかるのか）によって、収得税、財産税、
（広義の）消費税、流通税に区分されます。

　収得税は、収入に対して課税される税金で、所得税や法人税などです。

　財産税は、所有している財産に対して課税される税金で、相続税や
贈与税が代表的です。対象となる財産の価額を基準にして税率を掛け
て計算します。そのため、財産の価額が高いほど、税額も高くなって
いきます。

　（広義の）消費税は、物やサービスを購入したときに課税される税
金です。消費税は生産や流通の段階ごとにかかってきます。製造者が
材料を購入する時、小売業者が製造者から商品を仕入れる時などのよ
うに販売があるたび、消費税は販売価格に上乗せされますが、最終的

にその商品の消費税を負担するのは消費者です。消費税の他、酒税、たばこ税、揮発油税などがあります。

　流通税は、財産が移転したときに課税され、自動車取得税や印紙税などが代表的なものです。

・普通税と目的税

　普通税は、税収の使い途がとくに限定されておらず、国や地方公共団体の一般経費に充てられる税金です。

　一方、目的税は、税収の使い途が限定されている税金です。たとえば、自動車の取得や排気量等に応じて課される自動車税（種別割、環境性能割）や、バスなどの燃料である軽油の引き取りに対して課される軽油引取税などは、道路関連の支出に充てられることが決まっています。

■ 税金の種類 ･･･

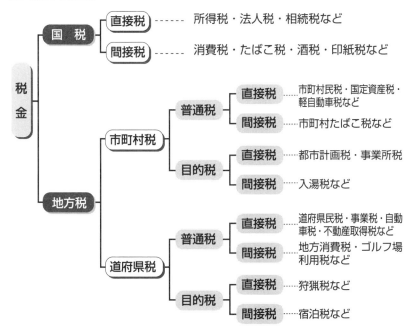

国税と地方税の違いはどこにあるのか

地方税は都道府県税と市町村税に分けられる

● 国税は関税と内国税に分類される

前述したように、国に納める税金が**国税**です。課税権が国にある税金です。国税は、国の歳入となる税金で、この国税によって国は様々な経済活動などができるわけです。国税は、大きく分けて関税と内国税に分けられます。

① **関税**

外国から原材料や製品などを購入するときに課税される税金です。関税の目的は国内産業の保護と財政の収入確保です。安い外国製品が国内に流入すると、国内製品の競争力が損なわれる可能性があります。そこで、外国から購入する製品に関税をかけることで、国内の産業を守ろうとしているのです。一方で、国内産業を保護するため関税を高くしすぎてしまうと、外国との貿易摩擦を生じさせる結果となります。

② **内国税**

あまり聞き覚えのない言葉ですが、具体的な税金の種類を聞けば私たちに最も身近な税金だということがわかります。この内国税は、次のとおり収得税、財産税、消費税、流通税の4つに分けることができます。

・**収得税**

収入に対して課税される税金で、所得税や法人税が代表的なものです。個人の所得に対して国がかける税金が所得税で、会社などの法人の所得に対して国がかける税金が法人税です。個人や法人の収入の多寡に大きく影響を受ける税金です。

・**財産税**

所有している財産に対して課税される税金で、相続税や贈与税が代

表的なものです。相続税とは、親などが死亡し、その財産を相続した場合にかかる税金です。財産を受ける人のことを相続人といい、財産を残して亡くなった人のことを被相続人といいます。

　また、人から財産をもらったときにかかる税金が贈与税です。財産をあげた人ではなく、財産をもらった人が税金を納めなければなりません。直接贈与を受けたときだけではなく、生命保険を受け取ったときや債務を免除してもらったときも、贈与を受けたとみなされ贈与税を納めることになります。

・消費税

　物を購入したときに課税される税金で、消費税、酒税、たばこ税、揮発油税などがあります。消費税は、物の消費という行為に対して、広く公平に課される税金です。平成元年4月に消費税3％が導入されてから、これまで5％、8％、そして令和元年10月以降は10％と段階的に税率が引き上げられてきました。

■ 国税と地方税の種類 ……………………………………………………

国税の種類

```
          ┌─ 関　税
国税 ─────┤
          └─ 内国税 ─┬─ 収得税 ─┬─ 所得税
                      │          └─ 法人税など
                      ├─ 財産税 ─┬─ 相続税
                      │          └─ 贈与税など
                      ├─ 消費税 ─┬─ 消費税
                      │          └─ 酒税など
                      └─ 流通税 ─┬─ 自動車取得税
                                  └─ 印紙税など
```

地方税の種類

```
            ┌─ 道府県税 ─┬─ 道府県民税（東京都の場合は都民税）
地方税 ─────┤            ├─ 事業税
            │            └─ 不動産取得税など
            └─ 市町村税 ─┬─ 市町村民税※
                          ├─ 固定資産税
                          └─ 軽自動車税など
```

※東京23区内の法人は、特例として市町村民税分を合わせて都民税として納付

・流通税

　財産が移転したときに課税される税金です。自動車税や印紙税など
が代表的なものです。

● 地方税は道府県税と市町村税に分類される

　地方税は都道府県と市町村に納める税金です。課税権が地方自治体
にある税金です。地方税は道府県税と市町村税に分けられます。

　道府県税には、道府県民税、事業税、不動産取得税、自動車取得税、
軽油引取税などがあります。市町村税には、市町村民税、固定資産税、
軽自動車税、事業所税、都市計画税、入湯税などがあります。

　都の特例区の存する区域では、法人の市町村民税は、固定資産税や
事業所税、都市計画税と共に都税とされていますので、その他の地域で
いう道府県民税相当額が合算された都民税として都税事務所に納めます。

● 地方交付税も一種の地方税である

　地方交付税とは、所得税や法人税などの国税の一定割合を地方自治
体の一般財源として配分する税金です。本来、地方自治体の行うサー
ビスに必要な財源は、それぞれの地方で負担できれば望ましいといえ
ます。ただ、地域によって財源の多い少ないの格差があります。この
ため、国税の一定割合を地方の財政格差の調整として配分しています。
地方交付税は各自治体の財源不足を補てんする形で配分されています
ので、現在、財政に比較的余裕がある東京都には交付されていません。

　地方自治体の自主性を高めようという見地から平成19年に税源移譲
が行われました。これは、納税者の負担が変わらない中で所得税（国
税）を減らし、地方税を増やすというものでした。

第2章

所得税の基本ルールを
おさえる

所得と収入の関係について知っておこう

収入金額から必要経費を差し引いて算出する

● 所得と収入はまったく意味が違う

　一般に**所得**とは、収入から必要経費を引いたもののことです。**所得税**は、あくまでも収入ではなく「所得」に対して課税されます。通常、収入と所得は同じ意味のように考えられていますが、収入と所得はまったく違います。たとえば、会社員の場合、会社からもらう「給与所得の源泉徴収票」に記載されている「支払金額」が収入金額です。そして、「給与所得控除後の金額」が所得金額です。つまり、給与の場合は支払金額から給与所得控除額を差し引いた額が所得金額となっています。このように、収入と所得は税金上では、意味が違うことを知っておきましょう。

　所得税法では、①利子所得、②配当所得、③不動産所得、④事業所得、⑤給与所得、⑥退職所得、⑦山林所得、⑧譲渡所得、⑨一時所得、⑩雑所得（24 ～ 26ページ）の10種類の所得について、具体的にその所得の金額の計算方法を定めています。所得といっても、勤労から得た所得や、資産の運用や売却から得た所得など様々なものがあります。なぜなら、毎月支給される給与所得と退職後の生活を支える退職所得の性格が違うように、所得の性質によって税金を負担することができる能力（担税力）が異なるので、すべての所得を同じものとして税金をかけるのは不公平であるためです。したがって、所得を10種類に分けて、それぞれの特性に応じた計算方法を定めています。

● 必要経費の意味

　所得の金額は、原則として、収入金額から必要経費を差し引いて算

出します。所得の種類によっては、「必要経費」と言わず、別の言い方をしていることがありますが、内容的には必要経費と同じです。たとえば、給与所得では「給与所得控除額」といいます。給与所得控除額とは、会社員の必要経費と考えられているもので、年間の給与等の収入金額に応じて53ページ図のとおり現在では6段階に分かれて控除額が定められています。

　退職所得では「退職所得控除額」といいます。退職所得控除額は、勤続年数に応じて控除額が決まっています。退職所得は老後の資金という性格をもっていますから、給与所得控除額に比べてこの退職所得控除額は大きくなっています。なお、退職所得控除額は55ページで説明しています。

● 所得税の納付

　所得税とは、個人の所得に対して課税される国税です。これに対し、法人（会社など）に課税されるものを**法人税**といいます。

■ 所得の種類 ………………………………………………………………

利 子 所 得	預貯金・公社債などの利子
配 当 所 得	株式の配当・剰余金の分配など
不 動 産 所 得	土地・建物などの貸付による所得
事 業 所 得	事業による所得（不動産賃貸所得は不動産所得）
給 与 所 得	給料・賞与など
退 職 所 得	退職金・一時恩給など
山 林 所 得	山林・立木の売却による所得
譲 渡 所 得	土地・建物・株式・ゴルフ会員権などの売却による所得
一 時 所 得	懸賞の賞金・生命保険の満期保険金など一時的な所得
雑 　 所 　 得	公的年金や事業とはいえないほどの原稿料、講演料など 上記にあてはまらない所得

所得税が課税されるのは基本的に個人ですが、法人に利子や配当などの支払いがなされる際に、所得税を源泉徴収をして源泉所得税として税務署に納付するケースなど、例外的に法人にも所得税が課税されることもあります。

　所得税の計算対象期間は、1月1日から12月31日までの一暦年です。これは、会社員でも個人事業主でも同じで、その一暦年の所得金額と所得税の額を納税者自らが計算し、その年の翌年2月16日から3月15日までの間に確定申告書を提出し、所得税を納付することになっています。ただし、会社員の場合は、源泉徴収制度により会社が納税を行います。年末に会社は**年末調整**といって、天引きし、納税した税金の過不足を精算するため、会社員は基本的に確定申告をする必要はありません。

🔘 所得税額を算出するには

　所得には、前述のように様々な性質のものがありますが、所得税は、これらの所得にすぐ税率を掛けて求めるわけではなく、これらの所得から扶養控除、配偶者控除、基礎控除など所定の「所得控除」を差し引いて「課税所得金額」を計算し、この課税所得金額に税率（超過累進税率）を掛けて求めます。さらに所得税額から、配当控除、住宅ローン控除、外国税額控除などの「税額控除」を差し引いて実際に納付する所得税額を求めます。確定申告書においても、所得控除と税額控除の記載欄は分かれています。

　このように所得税での控除方式は2段階になっており、税額算定前の課税標準の算定過程において控除するのが**所得控除**、その後、課税標準に税率を掛けて算出した税額から直接控除するのが**税額控除**です。納税者の担税力の違いに着目した控除が所得控除で、特定の政策目的に基づいた控除が税額控除だといえます。

● 非課税所得や免税所得の具体例

本来は所得だが、国民感情や所得の性質などから所得税の課税対象としていないものを**非課税所得**といいます。非課税の適用を受けるための手続きは原則として必要ありません。主な非課税所得としては、下図に挙げるものがあります。

この他、オリンピック優秀選手に贈られる金品やノーベル賞（経済学賞を除く）の賞金も非課税となっています。

一方、**免税所得**とは、本来課税されるべきものであっても、国の政策を推進するための特別の取扱いとして所得税が免除されているものです。たとえば、肉用牛の売却による農業所得は免税所得になります。免税所得は、非課税所得と異なり免税の適用を受けるための手続きが必要です。

■ 主な非課税所得の例 ………………………………………

- ・給与所得者の通勤手当
- ・給与所得者の出張旅費
- ・国外勤務者の在外手当
- ・生活用動産の譲渡による所得
- ・身体の傷害や心身に加えられた損害に基因する損害保険金や損害賠償金
- ・葬祭料、香典
- ・労働基準法による遺族補償
- ・健康保険や国民健康保険の保険給付
- ・雇用保険の失業給付
- ・労災保険の保険給付
- ・生活保護のための給付
- ・負傷疾病に伴う休業補償
- ・死亡者の勤務に基因して受ける遺族恩給および年金
- ・国等に財産を寄附した際の譲渡所得
- ・納税準備預金の利子
- ・財形貯蓄の利子
- ・障害者の少額預金の利子
- ・宝くじ当選金

所得金額を計算してみよう

各種所得ごとに所得金額の計算方法が定められている

● 所得金額の計算方法

　所得税では、所得を次の10種類に区分して、それぞれの所得ごとに計算方法を定めています。

①　利子所得の金額

　利子所得とは、預貯金や公社債（国債、地方債、社債のこと）の利子および合同運用信託（金銭信託、貸付信託）や公社債投資信託の収益の分配に関する所得です。これらの収入金額が利子所得の金額です。

②　配当所得の金額

　配当所得とは、法人から受ける剰余金の配当（中間配当を含みます）、利益の配当、農業協同組合等から受ける剰余金の分配や公社債投資信託等以外の投資信託の収益の分配金に関する所得です。これらの収入から株式等の取得に要した借入金の利子を控除した金額が配当所得の金額です。

③　不動産所得の金額

　不動産所得とは、土地や建物などの不動産、不動産の上に存する権利、船舶や航空機を貸し付けることで得た地代、家賃、権利金、賃貸料などの所得です。これらの収入金額から必要経費を控除した金額が不動産所得の金額です。

④　事業所得の金額

　事業所得とは、農業、漁業、製造業、卸売業、小売業、サービス業、その他の事業から生じる所得です。つまり、商店、飲食店などの経営による所得はもちろん、医師、税理士など個人で事業を営んでいる人が、その事業から得た所得ということになります。その事業による収

入金額から必要経費を控除した金額が事業所得の金額です。

⑤ **給与所得の金額**

給与所得とは、給料、賃金、歳費、賞与およびこれらの性質を有する所得です。給与所得の金額は、その年の給与等の収入金額から給与所得控除額を差し引いて計算されます。

⑥ **退職所得の金額**

退職所得とは、退職手当、一時恩給その他の退職により一時に受ける給与およびこれらの性質を有する給与（退職手当等）に関する所得です。その受け取った退職金の金額から、原則として退職所得控除額を控除した金額の2分の1が退職所得の金額です。

⑦ **山林所得の金額**

山林所得の金額は、その年の伐採による譲渡などの収入金額から必要経費を控除し、その残額から山林所得の特別控除額（50万円）を控除した金額です。必要経費にはその山林の植林費などの取得費の他、山林の管理・維持のために必要な管理費、さらに伐採費、仲介手数料などの譲渡費用などが含まれます。山林所得は他の所得とは合算せ

■ 所得税の速算表 ••

課税される所得金額	税率	控除額
① 195万円以下	5%	0円
② 195万円超　330万円以下	10%	97,500円
③ 330万円超　695万円以下	20%	427,500円
④ 695万円超　900万円以下	23%	636,000円
⑤ 900万円超　1,800万円以下	33%	1,536,000円
⑥ 1,800万円超　4,000万円以下	40%	2,796,000円
⑦ 4,000万円超	45%	4,796,000円

（注）たとえば「課税される所得金額」が700万円の場合には、求める税額は次のようになる。

700万円×0.23－63万6,000円＝97万4,000円

ず、「5分5乗方式」という他の所得とは異なった方法で税額を計算
し、確定申告します。なお、取得から5年以内の山林における伐採や
譲渡による収入は事業所得または雑所得となります。

⑧　譲渡所得の金額

　不動産、株式、ゴルフ会員権などの資産を譲渡したことによる所得
は譲渡所得です。収入金額から資産の取得費、譲渡費用、特別控除額
を控除した金額が譲渡所得の金額です。

⑨　一時所得の金額

　一時所得とは、利子所得から譲渡所得までの所得（8種類）以外の
所得のうち、営利を目的とする継続的行為から生じた所得以外の一時
の所得で、労務その他の役務または資産の譲渡の対価としての性質を
有しないものをいいます。具体的には、賞金、生命保険契約などに基
づく一時金は一時所得です。その収入金額から収入を得るために支出
した金額を控除し、さらに特別控除額を控除した金額が一時所得の金
額です。

⑩　雑所得の金額

　雑所得とは、利子所得から一時所得までの所得（9種類）のいずれ
にも該当しない所得です。雑所得は公的年金等とそれ以外で計算が違
います。公的年金等では公的年金等の収入金額から公的年金等控除額
を控除した金額が雑所得の金額です。それ以外のものについては総収
入金額から必要経費を控除した金額が雑所得の金額です。

● 所得税の具体的な計算方法

　ここでは6段階に分かれる所得税の計算について順を追って説明し
ます。

① 総所得金額を求める

　所得の種類は、利子所得・配当所得・事業所得・不動産所得・給与
所得・退職所得・譲渡所得・山林所得・一時所得・雑所得の10種類に

分類されます。その10種類に分類された所得は、それぞれの所得について、収入金額から差し引く必要経費の範囲や特別控除などが決められていますので、それに従ってそれぞれの所得金額を計算します。

② 所得控除額を計算する

　各人の個人的事情などを考慮して設けられている所得控除額を計算します。災害により資産に損害を受けた場合の「雑損控除」、多額の医療費の支出があった場合の「医療費控除」、配偶者や扶養親族がいる場合の「配偶者控除」や「扶養控除」、所得金額が一定額以下の人に認められている「基礎控除」など、約15種類の所得控除が設けられています。

　なお、「ふるさと納税」によって確定申告で控除を受けたい場合に

■ 所得金額の計算方法 ⋯⋯⋯⋯⋯⋯⋯⋯⋯⋯⋯⋯⋯⋯⋯⋯⋯⋯

利 子 所 得	収入金額＝所得金額
配 当 所 得	収入金額－元本取得に要した負債の利子
不 動 産 所 得	収入金額－必要経費
事 業 所 得	収入金額－必要経費
給 与 所 得	収入金額－給与所得控除額－ 特定支出※のうち給与所得控除額の2分の1を超える金額
退 職 所 得	（収入金額－退職所得控除額）×$\frac{1}{2}$
山 林 所 得	収入金額－必要経費－特別控除額（50万円）
譲 渡 所 得	収入金額－（資産の取得費＋譲渡費用）－特別控除額
一 時 所 得	収入金額－その収入を得るために支出した金額 －特別控除額（50万円）
雑 　 所 　 得	公的年金等⋯収入金額－公的年金等控除額 公的年金等以外⋯収入金額－必要経費

※「特定支出」とは、会社員が職務を遂行する上で必要と認められた一定の支出のこと（54ページ）。

は、この所得控除の区分で「寄附金控除」として記載します。

③　課税所得金額を求める

　所得金額から所得控除額を差し引いて課税所得金額（1,000円未満切捨）を求めます。

④　所得税額を算出する

　課税所得金額に税率を掛けて所得税額を計算します。税率は、課税所得金額に応じて5％から45％の7段階に分かれています。

⑤　所得税額から税額控除額を差し引く

　税額控除には、配当控除や住宅ローン控除などがあります。配当控除とは、配当を受け取った場合や収益を分配された場合に一定の方法により計算した金額を控除するものです。また、ローンを組んで住宅を購入した場合には、ローン残高に応じて一定の金額を控除することができます。

⑥　源泉徴収税額や予定納税額を差し引く

　税額控除後の所得税額（年税額）から源泉徴収された税額や前もって納付している予定納税額があるときは差し引いて精算します。これで最終的に納める所得税額（100円未満切捨）または還付される所得税額が算出されます。

● 所得税の税率

　所得税は5％から45％までの7段階の超過累進税率を適用して計算します。具体的には、25ページ図の速算表で計算します。なお、平成25年1月から令和19年12月までの所得については、平成23年に発生した東日本大震災からの復興の施策を実施するために必要な財源の確保を目的として、復興特別所得税が課されることになっており、通常の所得税額の2.1％相当額が一律に加算されます。

総合課税と分離課税の違いを知っておこう

所得税の課税方法は総合課税が原則である

● 総合課税とは

　所得税の課税制度は、総合課税と申告分離課税と源泉分離課税という方法があり、その課税方法も異なります。

　そのうちのひとつである**総合課税**の対象となる所得は、10種類に分類した所得のうち、配当所得、不動産所得、事業所得、給与所得、土地建物・株式等以外の譲渡所得、一時所得、雑所得です。総合課税とは、これらの所得を合計し、この合計所得に対応する税率を乗じて税額を算出する方法です。

　日本は超過累進課税方式をとっているため、所得が多くなればなるほど税額も大きくなる（応能負担）ようになっています。所得金額に応じて、7段階の税率が設定されているのです。たとえば、所得金額が195万円以下であれば税率は5％ですが、所得金額が4,000万円を超えると税率は45％にまで跳ね上がります。所得税は、この総合課税が原則です。

● 分離課税とは

　分離課税とは、他の各種所得とは合算せずに他の所得と分離して課税する方式です。分離課税制度が設けられたのは、不動産を売った場合など、一時的に得た所得が大きい場合、総合課税、つまり所得が他の所得と合算されると、超過累進税率によりその年だけ非常に大きな税額がかかるからです。

　分離課税される所得には、利子所得、山林所得、退職所得、土地建物・株式等の譲渡による譲渡所得があり、課税の方法としては源泉分

離課税と申告分離課税の２種類があります。

　源泉分離課税とは、他の所得とは完全に分けて、支払を受ける際に源泉徴収され、それだけで納税が完了する制度です。そこで源泉分離課税となる所得は、確定申告の必要はありません。

　利子所得や一定の要件を満たす退職所得が、源泉分離課税に該当します。一定の要件とは、退職金を受け取るときまでに「退職所得の受給に関する申告書」を会社に提出し、勤続年数に応じた退職所得控除額を算出し、源泉徴収されている退職所得です。

　総合課税の場合のように超過累進税率は適用されず、たとえば利子所得であれば収入金額の20.315％（所得税15％、復興特別所得税0.315％、住民税５％）が源泉徴収されます。

　申告分離課税とは、確定申告が必要で、その税額を計算する際に、他の所得と分けて一定の税率により計算する方法です。

　申告分離課税が適用される所得は、「退職所得の受給に関する申告書」が提出されない退職所得・山林所得、土地建物の譲渡による譲渡所得、株式等の譲渡による譲渡所得です。

　株式等の譲渡による譲渡所得の場合、株式等を譲渡することで得られた収入金額からその株式の取得費や売却手数料を差し引いた金額が譲渡所得です。この譲渡所得に対して、20％（所得税15％、住民税５％）の税率に、復興特別所得税（令和19年まで）として所得税の2.1％分を加えた合計20.315％を乗じ、税額を計算します。

　退職所得に関する税金は、原則として「収入金額から勤続年数に基づいた退職所得控除額を差し引いた残額」×1/2×税率で計算します。ただし、役員等勤続年数が５年以下である役員（特定役員）が支払を受ける退職金のうち、その役員等勤続年数に対応する退職金として支払を受けるものについては、その「残額」×税率で計算します。

　さらに、令和３年度税制改正により、令和４年以後に生じる退職所得は、特定役員でなくても、勤続年数が５年以下の場合に受け取る短

期退職金の税金は、300万円まではその「残額」×1/2×税率ですが、300万円を超える分はその超えた額×税率で計算します。

　なお、「退職所得の受給に関する申告書」を提出している場合、退職手当等の支払者が計算した税額が退職手当の支払時に源泉徴収されます。そのため、改めて確定申告を行う必要はありません。一方、「退職所得の受給に関する申告書」を提出していない退職所得に関しては、退職手当の支払金額に対して一律20.42％の税率が源泉徴収されますので、確定申告で申告分離課税の所得として税額を計算することになります。

■ 総合課税の所得と分離課税の所得 ……………………………

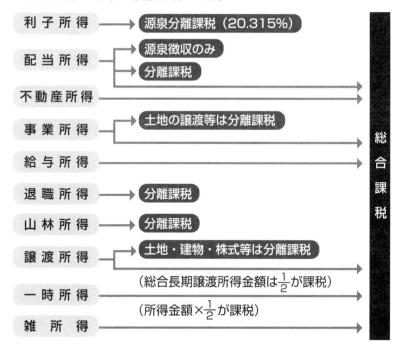

4 損益通算について知っておこう

損益通算できるのは４つの所得である

◉ 損益通算とは

　損益通算とは、２種類以上の所得があり、たとえば１つの所得が黒字、他の所得が赤字（損失）といった場合に、その所得の黒字と他の所得の赤字とを、一定の順序に従って、差引計算を行うことです。ただし、すべての所得の赤字（損失）が他の黒字の所得と損益通算できるものではありません。所得税では、不動産所得、事業所得、山林所得および譲渡所得の金額の計算上生じた損失の金額があるときに限り、損益通算をすることができます。

◉ 損益通算の対象とならない損失

　次に掲げる損失の金額は損益通算の対象とはなりません。
① 配当所得、給与所得、一時所得、雑所得の金額の計算上生じた損失の金額
② 不動産所得の金額の赤字のうち、土地等を取得するために要した借入金の利子に対応する部分の金額
③ 「生活に通常必要ではない資産（別荘など）」から生じた損失の金額
④ 土地、建物の譲渡所得（一部を除く）、株式等の譲渡所得、先物取引の雑所得の金額の計算上生じた損失の金額

◉ 損益通算の順序

　損失の金額は、次の順序により控除を行います。
① 不動産所得の金額または事業所得の金額の計算上生じた損失の金額は、利子所得、配当所得、不動産所得、事業所得、給与所得、雑

所得（これらの所得を合わせて経常所得といいます）の金額から控除します。

② 譲渡所得の金額の計算上生じた損失の金額は、一時所得の金額から控除します。

③ ①で控除しきれないときは、譲渡所得の金額、次いで一時所得の金額（②の控除後）から控除します。

④ ②で控除しきれないときは、これを経常所得の金額（①の控除後の金額）から控除します。

⑤ ③、④の控除をしても控除しきれないときは、まず山林所得の金額から控除し、次に退職所得の金額から控除します。

⑥ 山林所得の金額の計算上生じた損失の金額は、経常所得（①または④の控除後）、次に譲渡所得、一時所得の金額（②または③の控除後）、さらに退職所得の金額（⑤の控除後）の順で控除を行います。

損益通算がこのような順序になっているのは、所得の性質を考慮しているためです。まずは同じ性質の所得と通算し、次に性質の違う所得と通算します。

■ 損益通算の対象

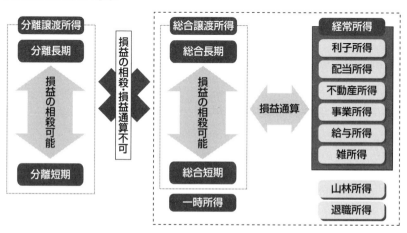

なお、上場株式等に対する譲渡損失については特例が設けられています。証券会社などを通じて売却した上場株式等に譲渡損失が発生した場合、その年分の上場株式等の配当所得の金額と損益通算を行うことができます。それでも譲渡損失を控除しきれない場合は、さらに翌年以降３年間にわたって損失を繰り越し、上場株式等の譲渡所得、配当所得の金額から控除することができます。控除する際は、譲渡所得、配当所得の順に控除していきますが、一般株式等の譲渡所得等の金額からは控除できないことに注意が必要です。

　この特例を受けるためには、上場株式等の譲渡損失が生じた年から繰越控除をする期間にわたって、連続して確定申告を行う必要があります。その間、上場株式等の譲渡がない年があったとしても、譲渡損失を繰り越すために確定申告書は提出しなければなりません。

　また、上場株式等に対する譲渡損失と上場株式等に対する配当所得の損益通算を行う年の確定申告書には、この特例を受ける旨を記載すると共に、「所得税及び復興特別所得税の確定申告書付表」と「株式等に係る譲渡所得等の金額の計算明細書」を添付して提出します。譲渡損失を繰越控除する場合は、譲渡損失発生後においても連続して「所得税及び復興特別所得税の確定申告書付表」を添付した確定申告書を提出します。

■ 損益通算の計算例 ·······························

> 給与所得300万円、不動産所得500万円、事業所得マイナス150万円(赤字)
> 一時所得300万円、長期譲渡所得マイナス100万円(赤字)

a）経常所得の計算
　給与所得300万円 ＋ 不動産所得500万円 － 事業所得150万円 ＝ 650万円
b）譲渡・一時所得の計算
　一時所得300万円 － 譲渡所得100万円 ＝ 200万円

$$総所得 ＝ a) ＋ b) × 1/2 ＝ 750万円$$

⑤ 所得控除について知っておこう

所得控除には納税者の個々の事情を反映させる役割がある

● 所得控除とは

　所得税は、「所得金額」から「所得控除」の額を差し引いた後の「課税所得金額」に税率を掛けて計算されます。したがって、所得控除とは、それがあると税率を掛ける前に差し引かれるため、税金を軽減することができます。所得税法では、納税者やその扶養親族の世帯構成に対する配慮といった、労働者保護のための社会政策などを考慮して、各種の**所得控除**が設けられています。

　所得控除には、①雑損控除、②医療費控除、③社会保険料控除、④小規模企業共済等掛金控除、⑤生命保険料控除、⑥地震保険料控除、⑦寄附金控除、⑧障害者控除、⑨ひとり親控除・寡婦控除、⑩勤労学生控除、⑪配偶者控除、⑫配偶者特別控除、⑬扶養控除、⑭基礎控除があります。

　所得控除の適用は基本的には本人の所得について判断しますが、障害者控除や扶養控除、配偶者控除のように、配偶者や扶養親族を対象とするものもあります。

　控除の対象となる配偶者に該当するか、あるいは扶養親族に該当するかは、その年の12月31日現在の状況により判断します。逆に、所得控除の制度を利用したい場合には、12月31日までにその要件を満たすための諸手続きを終えておく必要があります。たとえば配偶者とは婚姻が前提となるため、新婚などにおいては婚姻届けを12月31日までに提出しておく必要があるということです。

● 雑損控除とは

　災害や盗難、横領などによって、資産について損害を受けた場合に受けることができる一定金額の所得控除です。控除の対象となるための要件としては、申告者または申告者と生計を一にする親族（家族など）で、総所得金額等が48万円以下である人が、災害・盗難・横領により、生活に通常必要な住宅、家具、衣類などの資産について損失を受けたことが挙げられます。

　控除額は、次の⑥と⑥のうち、多い金額が控除額となります。

⑥　差引損失額－総所得金額等×10％

⑥　差引損失額のうち災害関連支出の金額－５万円

● 医療費控除とは

　自分自身や家族のために医療費を支払った場合、一定の金額の所得控除を受けることができます（上限は200万円）。これを医療費控除といいます。医療費控除の対象となる医療費は、納税者が、自分自身または自分と生計を一にする家族のために支払った医療費でなければなりません。また、その年の12月31日までに実際に支払った医療費であることが条件です。対象となる医療費は、以下のとおりです。

① 　医師、歯科医師に支払った診療代

② 　治療、療養のために薬局で買った医薬品代

③ 　病院等に支払った入院費

④ 　治療のためのあんま、はり、きゅう、整体などの施術費

　このような費用につき、年間に支払った医療費の総額（保険金等で補てんされる金額を除きます）から10万円（総所得金額等が200万円未満の人は総所得金額等の５％）を差し引いた金額が医療費控除額になります。

　たとえば、１年間にかかった医療費が９万円（生命保険からの補てんなし）、年収250万円のBさんの場合、まず、給与所得控除を差し引

き、年間所得を求めます。

250万円 −（250万円 × 30％ ＋ 8万円）＝ 167万円

167万円＜200万円ですから、Bさんの場合、8万3,500円（＝167万円 × 5％）を超える部分の金額について、医療費控除の対象となります。医療費控除の計算式にあてはめると、Bさんは、1万1,500円の医療費控除を受けることができます。

9万円 − 8万3,500円 ＝ 6,500円

また、この医療費控除との選択適用により特例で**セルフメディケーション税制**を使用することができます。これは、健康の保持増進や疾病の予防への取組の一環として一定の健康診査や予防接種などを行っているときは、年間12,000円を超える特定一般用医薬品等購入費（ドラッグストアなどの市販薬など）を所得から控除（8万8,000円を限度）することができます。

● 社会保険料控除とは

納税者が、自分自身や納税者と生計を一にする配偶者やその他の親

■ 所得控除の適用関係 ···

	本　人	配偶者	扶養親族
障害者控除	○	○	○
ひとり親控除・寡婦控除	○		
勤労学生控除	○		
配偶者控除		○	
配偶者特別控除		○	
扶養控除			○
基礎控除	○		

※ ○印がついた人について、該当する事情がある場合にその所得控除が適用される。たとえば、ひとり親控除・寡婦控除や勤労学生控除は納税者本人が、寡婦・ひとり親や勤労学生であることが必要である。一方、障害者控除については、納税者自身だけでなく、納税者の配偶者や扶養親族が所得税法上の障害者にあてはまる場合にも、障害者控除を受けることができる。

族の社会保険料を支払った場合や給与から天引きされた場合に適用される所得控除です。

社会保険料とは、健康保険・船員保険・後期高齢者医療保険・介護保険の保険料、国民健康保険（税）、国民年金・厚生年金の保険料、国民年金基金・厚生年金基金の掛金などのことです。その年において支払った社会保険料の額と給与などから天引きされた社会保険料の額の全額が控除されます。

● 小規模企業共済等掛金控除とは

小規模企業共済法が定めている共済契約の掛金や、確定拠出年金法で定められている個人型年金の掛金、心身障害者扶養共済制度の掛金を支払った場合に適用を受けることができます。このうち個人型確定拠出年金はiDeCoとも呼ばれています。

控除される金額は、納税者がその年に支払った掛金の全額となっています。この控除が適用されるのは、納税者がその年において、次の掛金を支払った場合です。

ⓐ　小規模企業共済法の共済契約に基づく掛金

ⓑ　確定拠出年金法の個人型年金（通称iDeCo）加入者掛金

ⓒ　条例の規定により地方公共団体が実施する心身障害者扶養共済制度に関する契約に基づく掛金

● 生命保険料控除とは

生命保険料、介護医療保険料、個人年金保険料を支払った場合に、一定の金額の所得控除を受けることができますが、これを生命保険料控除といいます。控除の対象となる生命保険料とは、保険金などの受取人のすべてを自分または自分の配偶者やその他の親族としている生命保険契約の保険料や掛金です。一方、個人年金保険料の場合は、個人年金保険契約の保険料や掛金が対象となります。

生命保険料控除額の金額は、平成24年1月1日以後に締結した保険契約等に関する控除（新契約）と平成23年12月31日以前に締結した保険契約等に関する控除（旧契約）では計算の取扱いが異なります。たとえば、50,000円の生命保険料を支払った場合の控除額は、新契約であれば32,500円ですが、旧契約であれば37,500円です。

また、新契約と旧契約の双方に加入している場合は、①新契約のみ生命保険料控除を適用、②旧契約のみ生命保険料控除を適用、③双方の契約について生命保険料控除を適用のいずれかを選択することができます。生命保険料控除の限度額は、ⓐ平成24年1月1日以後に締結した保険契約等に関する控除（新契約）、ⓑ平成23年12月31日以前に締結した保険契約等に関する控除（旧契約）、ⓒ新契約と旧契約の双

■ 生命保険料控除の金額 ･･････････････････････････････････････

● 平成23年12月31日以前に締結した保険契約（旧契約）

	支払保険料等	控除される額
旧生命保険料・旧個人年金保険料の金額	25,000円以下の場合	支払保険料等の全額
	25,000円を超え50,000円以下の場合	（年間支払保険料×1／2）＋12,500円
	50,000円を超え100,000円以下の場合	（年間支払保険料×1／4）＋25,000円
	100,000円を超える場合	一律50,000円

● 平成24年1月1日以後に締結した保険契約（新契約）

	支払保険料等	控除される額
一般の生命保険料・介護医療保険料・個人年金保険料の金額	20,000円以下	支払保険料等の全額
	20,000円を超え40,000円以下の場合	（支払保険料等×1／2）＋10,000円
	40,000円を超え80,000円以下の場合	（支払保険料等×1／4）＋20,000円
	80,000円を超える場合	一律40,000円

方について控除の適用を受ける場合の控除を合わせて12万円です。

● 地震保険料控除とは

　地震保険料控除は、居住用の家屋や生活用の動産について地震が原因で被った損害に備えて支払った保険料や掛金が対象になります。控除額は地震保険料について支払った金額すべてとなっていますが、上限は50,000円です。

　また、以前、火災保険料の支払いによって損害保険料控除を受けていた人への経過措置として、長期損害保険（保険期間が10年以上でかつ満期時に満期返戻金が支払われる保険）については、以前と同じように15,000円を上限とする損害保険料控除が認められています。ただ、地震保険料と長期損害保険についての損害保険料控除を併せたとしても、控除額の上限は50,000円となっています。

● 寄附金控除とは

　国や地方公共団体、特定公益増進法人などに対し、特定寄附金を支出した場合に、受けることができる所得控除のことです。ふるさと納税（44 〜 46ページ）による控除もこの中に含まれます。その年中に支出した特定寄附金の額が2,000円を超えた場合に寄附金控除の対象となります。

　寄附金控除を受ける場合、寄附した団体などから交付を受けた受領書などによって寄附したことを証明する必要があります。控除額の金額は、次のⓐ、ⓑいずれか少ない方の金額から2,000円を差し引いた額が寄附金控除額になります。

ⓐ　その年に支払った特定寄附金の合計額
ⓑ　その年の総所得金額等の40％相当額

● 障害者控除とは

　納税者本人、または控除の対象となる配偶者や扶養親族が所得税法上の障害者（精神障害者保健福祉手帳の交付を受けている人など）に当てはまる場合に受けることのできる所得控除です。控除できる金額は障害者1人について27万円です。また、特別障害者に該当する場合は40万円になります。特別障害者とは、身体障害者手帳に1級または2級と記載されているなど、重度の障害のある者のことです。

　なお、扶養親族または控除対象配偶者が同居の特別障害者である場合には、特別障害者に関する障害者控除の額は75万円になります。

● ひとり親控除・寡婦控除とは

　申告者本人が、合計所得金額が500万円以下の寡婦あるいはひとり親である場合に適用され、次の@またはⓑの金額が控除額になります。
@　ひとり親控除（男女問わず未婚のひとり親で、生計を一にする子がいる場合）：35万円
ⓑ　寡婦控除（@以外の女性で、夫と離婚後未婚で扶養親族がいる、または死別後未婚である場合）：27万円

● 勤労学生控除とは

　所得税法上の勤労学生に当てはまる場合に受けられる所得控除のことで、一律27万円です。申告者本人が勤労学生であるときに適用されます。勤労学生とは、@学生・生徒・児童などの特定の学校（学校教育法に規定する小学校、中学校、高等学校、大学、高等専門学校など）の学生・生徒であって、ⓑ自分の勤労（労働など）によって得た給与所得等があり、ⓒ合計所得金額が75万円以下で、かつ、給与所得以外の所得が10万円以下である者のことです。

● 配偶者控除・配偶者特別控除とは

　納税者に控除対象配偶者がいる場合には、一定の金額の所得控除が受けられます。これを**配偶者控除**といいます。

　控除対象配偶者とは、納税者の配偶者でその納税者と生計を一にする者のうち、年間の合計所得金額が48万円以下である者のことです。配偶者控除額は原則38万円ですが、控除対象配偶者が70歳以上の場合、控除額が増額されます（48万円）。

　なお、納税者の合計所得金額が900万円以下の場合には、上記の控除が受けられますが、900万円超の場合には段階的に控除額が引き下げられて、1,000万円超になると控除は受けられません。

　また、配偶者の年間合計所得金額が48万円を上回ると、配偶者控除を受けることはできませんが、配偶者の所得金額の程度に応じて、一定の金額の所得控除が受けられる**配偶者特別控除**という制度が設けられています。配偶者特別控除を受けるためには配偶者の合計所得金額が48万円超133万円以下であることが必要です。

　配偶者特別控除は、配偶者の合計所得金額や納税者の合計所得金額によって段階的に控除額が引き下げられます。なお、納税者の合計所得金額が1,000万円超になると控除は受けられません。

● 扶養控除とは

　納税者に扶養親族がいる場合には、一定の金額の所得控除が受けられます。これを扶養控除といいます。扶養親族とは、納税者と生計を一にする配偶者以外の親族、養育を委託された児童、養護を委託された老人で所得金額の合計が48万円以下である者のことです。

　「生計を一にする」とは、必ずしも同一の家屋で起居していることを要件とするものではないため、たとえば、勤務、修学、療養等の都合上別居している場合であっても、余暇には起居を共にすることを常例としている場合（休暇の時には一緒に生活している場合）などや、

常に生活費、学資金、医療費等を送金している場合には、「生計を一にする」ものとして取り扱われます。扶養控除の金額については下図のとおりです。

● 基礎控除とは

　基礎控除は、扶養親族の有無などに関係なく、一定の所得金額以下の人に適用されます。具体的には、所得金額が2,400万円以下の場合には48万円、2,400万円超2,450万円以下の場合には32万円、2,450万円超2,500万円以下の場合には16万円とあり、2,500万円超の場合には適用されません。

　さらに、基礎控除を受ける場合には「給与所得者の基礎控除申告書」を提出する必要があります。

■ 配偶者控除・扶養控除の額 ……………………………………………

区　　分 (注1)		控除額
配偶者控除	70歳未満　　（一般の控除対象配偶者）	38万円
	70歳以上　　（老人控除対象配偶者）	48万円
扶養控除	16歳以上19歳未満	38万円
	19歳以上23歳未満（特定扶養親族）	63万円
	23歳以上70歳未満	38万円
	70歳以上　　　　　　（老人扶養親族）	48万円
	同居老人扶養親族 (注2)　の加算	58万円

（注）1　区分の欄に記載している年齢はその年の12月31日現在による。
　　　2　同居老人扶養親族とは、老人扶養親族のうち納税者またはその配偶者の直系尊属で、納税者またはその配偶者と常に同居している同居親族をいう。

6 ふるさと納税について知っ ておこう

2,000円を超える寄附をする必要がある

● ふるさと納税とはどんなしくみなのか

ふるさと納税とは、自治体に対して行う寄附のことをいいます。労働力や産業は特定の地域に集中する傾向があるため、地方間に税収の格差があることが問題とされていました。そのような地方間での格差や労働力流出による税収減少に悩む自治体に対して、経済的な問題を是正するために設けられたのがふるさと納税です。

ふるさと納税の大きな特徴は、寄附金控除ができるという点です。自治体に対して2,000円を超える寄附を行った場合は、一定の上限まではその全額を所得税および個人住民税から控除することができます。ふるさと納税による寄附金控除は、①所得税、②個人住民税（基本分）、③個人住民税（特例分）の3つに区分されます。③個人住民税（特例分）は①、②で控除できなかった寄附金額を限度額まで全額控除できるというものです。現在は、③個人住民税（特例分）の控除限度額は所得割額の2割となっています。

ふるさと納税は、「ふるさと」と名前がつきますが、生まれ故郷以外に寄附をすることもできます。さらに、寄附先として複数の自治体を選ぶこともできます。寄附先から返礼品としてその土地の特産品等が送られてくるというメリットがあることも、注目を集める1つの要因となっています。

ふるさと納税が盛り上がりを見せる中、昨今高額な特産品を返す自治体が多いことが問題となっています。貴金属や家電製品といった高額な特産品を返す自治体、つまり寄附者にとって割のよい寄附先は人気を集めやすく、より多くの寄附金を獲得しやすいのです。このこと

が返礼品競争に拍車をかけ、ますます返礼品に充てられる寄附額が増えるという悪循環に陥っていました。

しかし、寄附金の多くを返礼品の資金源に充ててしまっては、自治体の税収を補うというふるさと納税の本来の趣旨から逸脱してしまうことにもなりかねません。ふるさと納税の本来の趣旨に沿って寄附額を住民サービスに充ててもらうべく、令和元年より各自治体ではふるさと納税の返礼品の価格を寄附額の3割までに抑えることが義務付けられています。

● どんな手続きをしなければならないのか

ふるさと納税をする際は、まず寄附先となる自治体を選択し、寄附の申込みをする必要があります。そして、ふるさと納税による所得税や個人住民税の控除を受けるためには、原則として寄附をした翌年に確定申告をしなければなりません。

ただし、現在はふるさと納税ワンストップ特例制度により確定申告を不要とすることができます。

この制度は、寄附の都度、「寄附金税額控除に係る申告特例申請書」を寄附先に提出すれば、確定申告をしなくても、寄附先である自治体の方で控除の手続をしてもらえる制度です。この制度は寄附先が5自治体以下の場合に適用されますが、6自治体以上に寄附をしてしまうと、すべての寄附について特例が適用されなくなることに注意が必要です。また、この制度を利用する場合は、所得税の還付と住民税からの控除に分けられることなく、すべて住民税からの控除になる点にも注意しましょう。

● 知っておかないといけない制限などもある

2,000円を超える寄附を行わなければ、個人住民税や所得税からの控除を受けることはできません。一方で、所得税および個人住民税か

ら全額を（2,000円を除く）控除できる寄附金の金額については上限が設定されています。この上限金額は、収入や家族構成などによって異なります。目安としては、独身で年収400万円の人の場合、42,000円までの寄附（ふるさと納税額）であれば、2,000円を除き、全額控除されます。また、妻が専業主婦で、高校生の子供が1人いる年収700万円の人の場合、78,000円までの寄附であれば、2,000円を除き、全額控除されます。

■ ふるさと納税による控除

自治体に対する寄附金のうち2,000円を超える部分については、一定の上限まで、その全額を所得税と個人住民税から控除できる。

ふるさと納税の控除の種類
① 所得税
② 個人住民税（基本分）
③ 個人住民税（特例分）

⇒ 控除を受けるためには原則として、確定申告が必要（※）

※ 平成27年4月1日より、確定申告が不要な給与所得者等については、寄附先が住所地の自治体に住民税控除のための通知を行う「ふるさと納税ワンストップ特例制度」が利用できる。

① **所得税からの控除**
控除額 ＝（ふるさと納税額 − 2,000円）×
「所得税の税率（復興特別所得税の税率も含む）」
※控除対象は、総所得金額等の40%が上限

② **住民税からの控除（基本分）**
控除額 ＝（ふるさと納税額 − 2,000円）×10%
※控除対象は、総所得金額等の30%が上限

③ **住民税からの控除（特例分）**
控除額（住民税所得割額の2割を超えない場合）＝
（ふるさと納税額 − 2,000円）×
（100% −10%（基本分）−所得税の税率）
控除額（住民税所得割額の2割を超える場合）＝
（住民税所得割額）× 20%

7 税額控除について知っておこう

所得税額から一定金額を直接控除できる制度

● 税額控除とは

税額控除とは、所得税額から直接控除できるとても有利な制度です。同じ控除という名前がつく所得控除は、所得に税率を乗じる前の段階で控除するので、税額に与えるインパクトは「所得控除額×税率」にとどまります。たとえば、医療費控除は所得控除ですが、支払った医療費全額が還付されるわけではありません。通常は医療費から10万円を引いて税率を乗じた金額になります。一方、税額控除は、所得に税率を乗じた後の所得税額から直接控除することができるため、税額に与えるインパクトはダイレクトに税額控除額そのものになります。

税額控除には49ページ図のように様々な種類があります。代表的なものとしては、以下の配当控除・外国税額控除・住宅借入金等特別控除があります。

① 配当控除

個人が株式の配当金等を受け取った場合において、一定の方法により計算した金額を、その個人の所得税額から控除するものです。これは、配当を出す法人にはすでに法人税などの税金が課税されており、その課税後の利益から支出した配当について、個人の段階でまた課税すると税金が二重になってしまうために控除が認められているものです。

ただし、配当控除を受けるには「総合課税」を選択し、確定申告をする必要があります。そのため、上場株式等で申告不要や申告分離課税を選択している場合には適用できません。

また、外国法人から受ける配当や外貨建資産の組入比率が75％を超えるような外貨建証券投資信託などは配当控除の対象にはならないの

で注意が必要です。なお、課税総所得金額が1,000万円を超える部分
については、対応する控除率が半減します。

　配当控除の金額は、その年の課税総所得金額等の金額が以下の@〜
@のいずれに該当するかによって計算方法が異なります。

@　その年の課税総所得金額等が1,000万円以下

ⓑ　その年の課税総所得金額等が1,000万円を超え、かつ、課税総所
　得金額等から証券投資信託の収益の分配による配当所得の金額を差
　し引いた金額が1,000万円以下

ⓒ　課税総所得金額等から証券投資信託の収益の分配による配当所得
　の金額を差し引いた金額が1,000万円を超える

ⓓ　課税総所得金額等から剰余金の配当等による配当所得の金額と証
　券投資信託の収益の分配による配当所得の金額の合計額を差し引い
　た金額が1,000万円を超える

　たとえば@に該当する場合は、剰余金の配当等による配当所得に
10％を掛けた金額と、証券投資信託の収益の分配金による配当所得に
5％を掛けた金額の合計が配当控除の金額になります。

②　外国税額控除

　個人が外国から得た所得（配当金など）には、すでに現地国の所得
税などが課税（源泉徴収）されている場合があります。この所得につ
き、さらに日本で課税すると、外国税と所得税が重複して課税される
ことになります。そこで、外国税額控除を設けることによって、外国
税と所得税の二重課税を排除するしくみになっています。

　外国税額控除の金額は、外国所得税の金額が所得税の控除限度額
（所得税の金額×（国外所得金額÷所得総額））を超えるかどうかによっ
て計算方法が変わります。外国所得税の金額が所得税の控除限度額を
超えない場合は、外国所得税全額が外国税額控除の金額となります。

③　住宅借入金等特別控除（住宅ローン控除）

　個人が住宅を購入したとき（中古住宅を含む）などに金融機関で住

宅ローンを組んだ場合に受けられる控除です。居住した年から一定期間、住宅ローンの残高に応じて控除を受けることができます（124ページ）。

　これらの他にも、認定長期優良住宅と呼ばれる一定の住宅を新築等した場合の税額控除、省エネや耐震に効果のある改修を行った場合の税額控除、政党等寄附金特別控除などがあります。とくに東日本大震災以降、耐震改修工事を検討するケースが多くなりましたが、このような税額控除制度も含め検討するのがよいでしょう。

　なお、これらの税額控除制度の適用を受けるには、確定申告書の提出だけではなく、それぞれの控除制度ごとに定められた書類の添付も必要になってきます。

　いずれにしても確定申告の際には、該当するものがないか確認しておく必要があります。

■ **主な税額控除の種類** ………………………………………

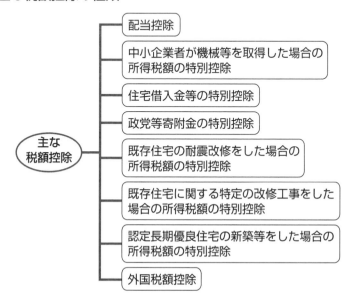

税金を取り扱う役所

　私たちになじみの深い税金の役所は税務署ですが、他にどんな役所があるのでしょうか。国税に関する事務を扱っているのは、財務省主税局です。財務省主税局では、税制の企画や立案、また税収の見積もり、決算の調査などを行っています。

　国税庁は、税金の賦課徴収を担当しています。つまり国税庁が実際に国税を徴収しています。国税庁には全国に11の国税局と沖縄国税事務所があり、その下に都道府県を地区ごとに細分化した524の税務署があります。

　国税局では札幌・仙台・関東信越・東京・金沢・名古屋・大阪・広島・高松・福岡の各管轄区域内の税務署の指導監督を行うと共に、査察調査、大規模な法人の調査、大口滞納者の滞納整理などを行っています。

　税務署は、個人の確定申告でおなじみの私たちに一番身近な税金の窓口です。税務署は、国税局および沖縄国税事務所の下で税金をかけたり徴収する事務を行っています。税務署の職員は、納税義務者である個人や会社などを訪れて、適正な申告が行われているかどうかの調査や検査を行う他、申告に関する相談や指導なども行っています。

　また、定められた納期限までに納付されない税金の督促や滞納処分を行う他、納税に関する相談や指導も行っています。税務署の組織は規模によって異なりますが、基本的に、総務課、管理・徴収部門、個人課税部門、資産課税部門、法人課税部門で構成されています。具体的には総務課では、税務署の事務を総括し、管理・徴収部門では、納税管理や納税したことを証明する納税証明書の発行などを行っています。

第3章

会社員や個人事業主の税金

給与所得にはどんな税金がかかるのか

一定の控除が認められている

● 給与所得とは

給与所得とは、給料、賃金、歳費、賞与およびこれらの性質を有する所得のことです。給与所得の金額は、その年の給与等の収入金額から給与所得控除額を差し引いて計算されます。なお、後述する「特定支出」の額が給与所得控除額の2分の1を超える場合には、確定申告により、その超える部分の金額を控除することができます。

給与所得では、事業所得などのように必要経費を差し引くことはできませんが、必要経費に見合うものとして一定の**給与所得控除額**を給与等の収入金額から差し引くことができます。給与所得控除額は、会社員の必要経費としての意味合いをもっており、給与等の収入金額に応じて控除額が決まっています（次ページ図）。

給与所得の金額は、他の所得と合算されて総所得金額を構成し、超過累進税率により総合課税されます。ただし、会社員の場合は、勤務先において年末調整が行われ、毎月天引きされていた所得税が年末時点で精算されますので、原則として所得税の確定申告は必要ありません。

● 確定申告が必要となる場合

給与所得者でも確定申告が必要となる場合があります。たとえば、給与の年間収入金額が2,000万円を超える場合は確定申告をしなければなりません。また、給与所得と退職所得以外の所得の合計額が20万円を超える場合、2か所以上から給与の支払を受けていて、主たる給与以外の給与収入とその他の所得の合計額が20万円を超える場合も原則として確定申告が必要になります。

なお、年末調整が終わっていても、確定申告することで所得税など
が還付される場合もあります。たとえば、年間の医療費が10万円を超
えているときの「医療費控除」や、マイホームを購入したときの「住
宅ローン控除」を受けたい場合は確定申告することで還付を受けられ
る可能性があります。

◉ 特殊な取扱いがなされるもの

　通常の給与以外でも給与所得として課税されるものがあります。た
とえば、役員や従業員に社宅などを提供している場合、賃料相当額と
実際に役員等から賃料として徴収している額に差があるときは給与所
得として課税される可能性があります。また、商品や有価証券を給与
として受け取った場合も現物給与として課税されます。

　これに対して、一定の支出は非課税となります。たとえば、合理的
な運賃として支給された通勤手当は月15万円まで非課税となります。

　社員旅行の費用も、旅行期間（海外旅行の場合は現地滞在）が4泊
5日以内であること、特定の者だけを対象としていないこと、自己都
合の不参加者に金銭を支給していないことなど、一定の条件を満たし
ていれば給与所得にはなりません。

■ 給与所得控除額 ···

給与等の収入金額	給与所得控除額
162.5万円以下	55万円
162.5万円超 ～ 180万円以下	給与等の収入金額×40%－10万円
180万円超 ～ 360万円以下	給与等の収入金額×30%＋8万円
360万円超 ～ 660万円以下	給与等の収入金額×20%＋44万円
660万円超 ～ 850万円以下	給与等の収入金額×10%＋110万円
850万円超	195万円（上限）

● 特定支出控除の特例とは

特定支出控除とは、給与所得者が特定支出をした場合、特定支出の合計額が給与所得控除額の2分の1を超えるときは、確定申告により、その超える部分の金額を給与等の収入金額から控除できる制度です。

特定支出とは、①通勤費、②転居費、③研修費、④資格取得費、⑤帰宅旅費、⑥勤務必要経費に該当する支出のことです。特定支出と認められるのは、職務遂行上直接必要となるものだけです。たとえば、⑥勤務必要経費としては、仕事のために購入した書籍、制服や作業着、贈答品や飲食のための支出などが該当します。

● 所得金額調整控除とは

令和2年以降、給与所得に関係する給与所得控除額や雑所得に関する公的年金等の控除額が引き下げられたことなどを背景に、一定の要件を満たした場合には、所得金額調整控除額として給与取得から控除することができます。所得金額調整控除は、次の2つがあります。

① 年収850万円超の給与所得者に対する所得金額調整控除

給与等の収入金額が850万円を超える給与所得者で、下のいずれかに該当する場合には、年収が850万円を超えた額に10％を掛けた額（15万円が上限）の控除が受けられます。

・納税者本人が特別障害者である

・特別障害者の同一生計配偶者または扶養親族がいる

・23歳未満の扶養親族がいる

なお、年末調整により所得金額調整控除の適用を受けるには「所得金額調整控除申告書」を提出する必要があります。

② 給与取得と年金取得を有する者に対する所得金額調整控除

給与所得控除後の給与等の金額と公的年金等に係る雑所得の金額がある給与所得者で、その合計額が10万円を超える者に対して、最大で10万円の控除を受けることができます。

② 退職所得にはどんな税金が かかるのか

原則として2分の1だけを課税対象とする分離課税を適用する

● 退職所得の金額と退職所得控除額の計算方法

退職所得とは、退職手当、一時恩給その他の退職により一時に受ける給与およびこれらの性質を有する給与（退職手当等）に関する所得をいいます。

退職所得の金額は、原則としてその年の退職手当等の収入金額から退職所得控除額を控除した残額の2分の1に相当する金額です。

退職所得には必要経費という概念はなく、それに代わるものとして、勤続年数に応じて一定の退職所得控除額を退職手当等の収入金額から差し引くことができます。退職所得控除額は、勤続年数20年を区切りとして図（57ページ）の算式により求めます。勤続年数の計算にあたって1年未満の端数があるときは1年に切り上げます。

● 所得税額の計算

退職所得に対する所得税は、一般の会社員の場合、原則として退職金から退職所得控除額を控除した残額の2分の1に対して税率を掛けて算定されます。算式に表すと以下のようになります。

所得税額＝（収入金額－退職所得控除額）×1/2×税率

これに対して、一定の役員に該当する場合には例外が設けられています。役員としての勤続年数が5年以下の役員のことを特定役員といいますが、この特定役員に該当する場合には上記の2分の1を掛けません。さらに、令和3年度税制改正により、令和4年以後に生じる退職所得に関しては、特定役員でなくても、勤続年数が5年以下の短期退職金について300万円を超える分に関しては2分の1を掛けません。

● 退職所得への課税の配慮

　退職所得は他の所得とは合算されず、分離課税されます。その理由は、長年働いてきた功労への対価である退職金に対して総合課税として超過累進税率で多額の所得税を課すのは酷だからです。また、退職金は老後の資金としての性格があるため、税負担が過重にならないような政策的な配慮もあります。

　なお、死亡退職手当（死亡退職金）は、所得税ではなく、相続税の対象となりますが、相続税を計算する上で一定の控除があり、その点で配慮がなされています。

● 確定申告をしたほうがよい場合

　退職金を受け取るときまでに「退職所得の受給に関する申告書」を会社に提出していれば、所得税などが源泉徴収で精算されていますので、原則として確定申告する必要はありません。ただし、他に赤字の所得があって損益通算できる場合には、確定申告したほうが有利になります。

　一方、「退職所得の受給に関する申告書」を提出しなかった人の場合は、支給金額の20.42％の所得税および復興特別所得税が源泉徴収されます。この場合は、退職金を支給する会社が発行する「退職所得の源泉徴収票」に勤続年数などの記載があるので、それに基づき確定申告をすることによって税額の精算を行うことになります。

● 特殊なケースについて

　通常の退職金とは形態が異なる支給でも退職所得の対象となるものがあります。たとえば、①使用人から役員になった者に対して、使用人としての勤続期間に対する退職手当等が支払われた場合、②分掌変更によって職務内容や地位が激変した役員に対して、変更前の勤続期間に対する退職手当等が支払われた場合、③定年後に引き続き勤務す

る使用人に対して、定年前の勤続期間に対する退職手当等が支払われた場合、④労働基準法20条に定める解雇予告をしないで使用人を解雇するときに支払われる解雇予告手当などが挙げられます。

これに対して、前述した死亡退職金が退職所得の対象とならない他、退職時に支払われる給与で他の使用人に支払われる賞与と同じ性質のもの、雇用契約の更新などにより毎年支給される退職給与などは、退職所得ではなく給与所得とされます。

勤続年数の計算で特殊なケースとしては、就職から退職までの間に、他社に出向などをすることにより、一時期だけ勤務していなかった期間がある場合が挙げられます。この場合、勤続年数の計算上、勤務していなかった期間を除外して計算することになります。

ただし、退職手当等の支給対象期間に、他社に出向していた期間も含められている場合には、退職所得控除額を計算する際の勤続年数には出向期間も含めることになります。

■ **退職所得にかかる税金** ･･

$$\boxed{退職所得} = (退職金の収入金額 - 退職所得控除額) \times \frac{1}{2}$$

【退職所得控除額】

勤続年数20年以下	40万円×勤続年数（80万円に満たないときは80万円）
勤続年数20年超	800万円＋70万円×（勤続年数－20年）

※1　障害退職のときは、上記控除額＋100万円

※2　勤続年数5年以下の特定役員等の役員等勤続年数に対応する部分の退職所得は、「退職所得＝退職金－退職所得控除額」となり1/2を掛ける必要はない。さらに、令和3年度税制改正により、令和4年以後に生じる退職所得に関しては、特定役員等でなくても、勤続年数が5年以下の短期退職金について300万円を超える分に関しても1/2を掛ける必要はない。

パート・アルバイトと源泉徴収について知っておこう

年収103万円以下であれば本人の所得税は一切課税されない

● パートやアルバイトでも源泉徴収される場合とは

　たとえば夫が会社の正社員で、妻がパートに出る場合、妻の年収を気にして年収103万円以下になるように労働時間数などを調整するケースがあります。その理由は、①年収103万円以下であれば本人の所得税は一切課税されないこと、②夫の控除対象配偶者にもなれること、の2つの理由によります。

　会社員の場合、収入がそのまま給与所得となるわけではありません。

　給与所得を算定する所得から差し引くことができる給与所得控除については、給与等の収入金額に応じて控除額が決められており、年収が55万円以下であれば全額が控除されます。

　前述した①の「年収103万円以下であれば本人の所得税は一切課税されないこと」とは、給与収入から控除される「給与所得控除額」が最低55万円、所得金額が2,400万円以下の人に認められている基礎控除額が48万円なので、この2つの控除額を合計すると年収103万円以下であれば課税される給与所得金額が「ゼロ」になるというしくみを利用したものです。したがって、仮に所得税が毎月源泉徴収されていても、年末調整で徴収された所得税は戻ります。

　また、②の「夫の控除対象配偶者にもなれること」という点について、配偶者控除が受けられる条件は、控除を受ける人（上記の場合は夫）の合計所得金額が900万円以下であることです。900万円超1,000万円以下の間では控除額が徐々に減っていき、1,000万円を超える場合は控除を受けることができません。

　なお、妻の年収が103万円を超えても、夫は配偶者特別控除が受け

ることができます。これは、年収103万円超150万円以下であれば、配偶者控除と同額の控除額が適用されます。さらに年収150万円超201万円以下であれば、段階的に控除額が減っていき、年収201万円を超えると控除がゼロになります。

　配偶者特別控除にも、配偶者控除と同様に控除を受ける人の合計所得金額の制限があるので、注意が必要です。

● 130万円の壁とは

　「130万円の壁」とは、配偶者の収入が130万円を超えるとその相手方の健康保険などの扶養から外れてしまうことを指します。また、従業員数501名以上の一定の企業では、年収106万円以上になると社会保険の加入義務が生じます。このように、収入に関しては税金のことだけではなく、社会保険などの追加の支出の有無についても考慮が必要な場合もあります。

■ 税金や社会保険に関する収入要件 ……………………………

	対象	負担の内容
100万円を超えると	住民税	保育園、公営住宅の優先入所、医療費助成などの自治体サービスの一部で負担が発生
103万円を超えると	所得税	・本人への所得税が発生する ・夫(妻)は38万円の配偶者特別控除が受けられる ※夫(妻)の合計所得金額による制限がある
130万円を超えると	社会保険	健康保険の被扶養者になれず、社会保険料を負担 ※常時501人以上の企業などでは「106万円以上」となる
150万円を超えると	所得税	・本人への所得税が発生する ・夫(妻)は1〜38万円の配偶者特別控除が受けられる ※夫(妻)の合計所得金額による制限がある
201万円を超えると	所得税	・本人への所得税が発生する ・夫(妻)は配偶者特別控除が受けられない

事業所得にはどんな税金がかかるのか

商品販売など事業によって生じた所得のことである

● 事業所得とは

　農業、漁業、製造業、卸売業、小売業、サービス業その他の事業から生じる所得を**事業所得**といいます。商店、飲食店などの経営による所得はもちろん、医師、税理士など個人で事業を営んでいる人が、その事業から得た所得も事業所得です。

　事業から生じる所得とはいっても、事業用資金に関する預貯金の利子は利子所得、不動産の貸付による所得は不動産所得、事業に使っている固定資産の譲渡による所得は譲渡所得になるので、事業所得にはなりません。ただし、事業所得を算出するための収入には、事業そのものから生じる収入だけでなく、従業員に貸し付けた金銭の利息、作業くずや空き箱などの売却収入、といった事業から付随的に生じる収入も含まれます。事業所得の金額は、他の所得と合算されて総所得金額を構成し、超過累進税率により総合課税されます。

● 事業所得の金額と必要経費

　事業所得の金額は、その年の事業による総収入金額から必要経費、青色申告特別控除額（該当する場合）を控除した金額になります。

　収入金額は、それぞれの商品やサービスを提供した対価として受け取る金額を基準にして計上されます。また、計上する時期としては、引渡しや提供が完了した時点などが基準となります。

　必要経費とは、売上原価、販売費及び一般管理費、その他業務について生じた費用であり、従業員の給料、家賃、広告宣伝費、減価償却費、支払利息などがこれに該当します。

また、事業主と生計を共にしている家族などに支払われる給料は、原則として必要経費になりませんが、その事業に専ら従事していると認められる「事業専従者」に支払う給与に限って必要経費と認められます。所得税においては、生計を同じくする親族への支払は必要経費とは認められず、支払を受けた親族でも所得とはしないのが原則です。これは親族間で所得を移転することにより税金を安くすることを防止するためです。しかし、現実に家族などが事業に従事して給与が支給されている場合には、青色申告と白色申告により認められる金額は異なるものの、事業専従者給与として必要経費に算入できるようになっています。

　また、不動産所得などと同様に、事業所得の金額が赤字になった場合には、その赤字の金額を他の所得から生じた黒字の金額と損益通算できます。

■ 事業所得とは ………………………………………………………

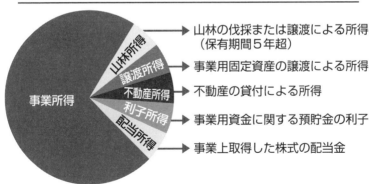

事 業 所 得 ＝ 事業による収入金額－必要経費

＜事業から生ずる所得であっても、他の所得と区分されるもの＞

事業所得

山林所得 → 山林の伐採または譲渡による所得（保有期間５年超）

譲渡所得 → 事業用固定資産の譲渡による所得

不動産所得 → 不動産の貸付による所得

利子所得 → 事業用資金に関する預貯金の利子

配当所得 → 事業上取得した株式の配当金

● 経費にできる家事関連費とは

　家事関連費とは、事業用の支出とプライベート用の支出が混在した費用のことを指します。たとえば、自宅の一部を仕事に使用して「自宅兼事務所」や「自宅兼店舗」としている場合には家事関連費が発生します。具体的には、家賃、水道光熱費、通信費、車両代などが該当します。家事関連費にはプライベート用の支出が含まれているため、全額を必要経費として計上することはできません。そのため、一定の基準で事業用の部分とプライベート用の部分に按分して、事業用に相当する金額だけを必要経費として計上することになります。具体的な按分基準としては、たとえば、家賃の場合には使用している床面積などが考えられます。また、電話代であれば使用回数や通話時間、車両代（車両の減価償却費やガソリン代など）であれば使用日数や走行距離が目安になると考えられます。

　必要経費にはあたらないとして税務署で否認されないためには、合理的な説明のできる基準にすることや、裏付けとなる資料などを準備しておくことがポイントになります。

● 商品などは実地棚卸が必要

　商品、製品、原材料、資材などは**棚卸資産**と呼ばれます。棚卸資産がある場合には、年末など一定の時期に**実地棚卸**をしなければなりません。仕入れたもののうち必要経費に計上できるのは売上原価だけです。仕入金額から期末に残っている棚卸資産を差し引いて売上原価を算定する必要があるため、実地棚卸で各棚卸資産の実際に保有している数量を把握することが必要となるのです。また、税金計算だけでなく、事業上の在庫の管理という意味でも実地棚卸は大切です。

第4章

不動産に関する
税金の知識

不動産に関連する税金について知っておこう

不動産にかかる税金は金額が大きく、経済にも多くの影響を与える

● 取得段階でかかる税金

　不動産を取得すると、不動産取得税、登録免許税、印紙税など、様々な税金の支払いが必要です。

　不動産取得税は、「不動産を取得することができる＝税金の支払能力がある」とみなされることで課されます。支払先は国ではなく都道府県になります。不動産を持つこと、あるいは持ち主が変わったことを登記する（公式に示す）ために課される税金が登録免許税です。また、契約書に貼付する印紙には、印紙税がかかります。登録免許税や印紙税は国に納められます。

　さらに、不動産の取得には消費税も課税される場合があります（ただし、土地に対する消費税は非課税）。課税対象となる不動産取引は金額が大きいため、支払う消費税額も大きな負担となります。消費税の納税義務者は売主であるため、消費税が課税されるかどうかは、売主側が事業として売却しているかどうかにより変わってきます。たとえば、個人が事業以外の目的で建物を売却する場合には消費税はかかりません。

● 相続税や贈与税がかかる場合

　不動産の取得方法には自分で新たに取得する他に、相続や遺贈（遺言によって遺産の全部または一部を与えること）によるものがあります。相続や遺贈によって不動産を取得した場合には相続税の課税対象となります。現金で相続や遺贈を受け、その現金で不動産を取得した場合も同じ扱いとなります。また、個人から不動産をもらった場合に

は、贈与税の課税対象となります。

● 固定資産税や都市計画税が発生する場合

　固定資産税は一定以上の大きさを持つ資産を保有していることに対して課せられる税金です。不動産も課税の対象となり、その不動産が都市計画区域内にある場合は都市計画税の課税対象にもなります。

　しかし、固定資産税・都市計画税の課税対象となるのは、その不動産をいつでも売却できることが前提になります。いつでも売却できるわけではない自宅については課税を軽減する措置がとられています。

● 譲渡所得が発生する場合

　不動産を取得したときよりも高い価格で処分した場合には不動産の売却益が発生します。この売却益も課税対象となりますが、軽減措置（税率の引き下げなど、納税者の負担を軽減する取扱いのこと）を受けることができる場合があります。

■ 不動産の取得・保有・事業経営・売却と税金の種類 …………
不動産の課税（資産を多く持っているほど、資産価値が高い程課税額が高くなる）

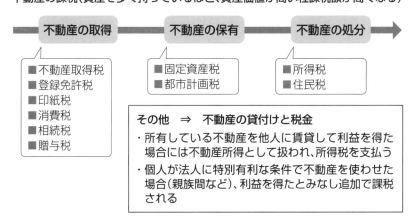

● 不動産所得が発生する場合

自分が所有している不動産を他人に賃貸して得た利益が、**不動産所得**です。不動産所得のうち課税の対象となるのは、収益から必要経費を差し引いた部分になります。また、給与所得や譲渡所得などと合わせて所得控除（所得税額の計算の際、納税者の個人的事情を考慮して所得の金額から差し引く金額）も受けることができます。

● 法人設立をめぐる規制

事業を行うには、個人事業という形態で行う場合と法人として行う場合の2パターンがあります。現在では、株式会社などの法人設立は簡単に行えるようになっており、法人組織にすることによる節税方法には一定の規制がかかるようになっています。

とくに、もともと個人が所有していた土地について、法人を設立し、法人名義で使用する場合には注意が必要です。この場合の貸付けが無償で行われていた場合、対価の支払いを免れているために法人に税金の支払能力があるとみなされ、税金が多く課されるケースがあります。

● 住宅の供給を促す税制

税金は国の収入源であると同時に、経済政策としての一面を持っています。不動産にかかる税金は多額にのぼるため、とくに政策を実現するために効果的です。

不動産取引の量は経済に影響を与えます。とくに住宅の流通量が景気に与える影響は大きなものとなります。住宅の購入が増加するとそれに伴って家具や電化製品、移動手段としての自動車など、様々なものが購入され、消費が増えることになります。住宅の購入を促進するための住宅ローン減税等は、このような経済効果を狙って行われるものです。

マイホームに関する税金にはどんなものがあるのか

購入時だけでなく購入後もいろいろな税金がかかる

● 購入時にはどんな税金がかかるのか

住宅を購入したときには、不動産取得税（79ページ）、印紙税（69ページ）、登録免許税（71ページ）など、様々な税金がかかります。

不動産取得税は、文字通り、住宅を取得したことに対してかかる地方税です。登録免許税は、取得した住宅を登記する際にかかる国税です。住宅ローンの設定など、融資を受ける場合には、不動産を担保に提供して抵当権の設定登記を行いますが、その際に登録免許税が課税されます。また、相続や贈与などによって不動産の所有権が移転する場合がありますが、その際にも登記を行いますから、登録免許税が課されることになります。

印紙税は売買契約書や、住宅ローンの契約書（金銭消費貸借契約書）にかかる国税です。印紙税については、契約書は、通常、２通作られますので、それぞれに収入印紙を貼る必要があります。売買契約書の場合は、買主と売主が１通ずつの印紙代を負担するのが一般的です。たとえば3000万円の住宅を売買すると２万円（ただし軽減措置の適用で売買契約書を平成26年４月から令和４年３月までに作成する場合には１万円）の収入印紙を貼らなければなりません。

● 購入後にはどんな税金がかかるのか

住宅を購入した後にかかる税金には、固定資産税、都市計画税があります。これは、家を手放すまで毎年かかる税金です。

固定資産税は、住宅や土地を持っていることに対して課せられる地方税で、市町村に納めます。課税額は、課税標準額の1.4％となって

いますが、市町村の判断でこれを上回る税率を設定することも許されています。また、住宅取得の促進策として、新築の場合、戸建は3年、マンションは5年間、課税額を半額にする軽減措置があります。

　住宅を他の人から購入した年の固定資産税は、買主と売主が日割で負担するのが実務上の慣行となっています。ただ、法的には固定資産税は、その年の1月1日現在の所有者が1年分を納付する決まりになっています。そこで、実際はいったん売主が1年分の税金を負担し、買主は住宅の所有権が移った日からその年の12月31日までの固定資産税相当額を売主に支払うことになります。

　都市計画税は、地方税法に基づいて、市町村が都市計画区域内の建物や土地に課すことができる税金です。課税標準額の0.3％が課税されます。都市計画区域内でなければ、課税されないのですが、都市計画区域は、ほとんどすべての自治体で導入されています。東京23区では、東京都が課税します。

■ **住宅の購入時、購入後にかかる主な税金** ……………………………

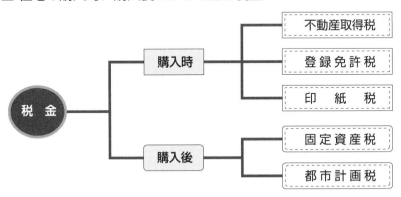

Q 印紙税はどのような場合に必要になるのでしょうか。印紙税を節約する方法はあるのでしょうか。

A 印紙税は、消費税などと違って、なじみのない税金かもしれません。印紙税は文書にかかる税金で、契約書などの文書に収入印紙を貼付することにより印紙税を納めていることになります。ただし、すべての文書に印紙税がかかるわけではありません。たとえば、課税文書の代表例として領収書が挙げられますが、通常、買い物をして領収書をもらっても収入印紙が貼ってあることはあまりないはずです。これは一定金額まで印紙税を免除する非課税限度額があるからです。印紙は国へ税金や手数料を支払ったことを証明するものです。印紙が貼付されていなくても契約自体は有効です。ただ、印紙税法上は脱税として扱われてしまいます。印紙税が発生するのは主に以下の文書を作成した場合です。

① 1万円以上の不動産の売買契約書・金銭消費貸借契約書など
② 10万円以上の約束手形または為替手形
③ 5万円以上の売上代金の領収書や有価証券の受取書など

それぞれ契約書などの記載金額や領収金額によって印紙税額が決まっています。

印紙税の課税対象となる文書に所定の収入印紙を貼らなかった場合には、その課税文書の作成者に対し、ペナルティとしてその貼るべき印紙税額の3倍相当額の過怠税という税金が課されます。なお、収入印紙には、貼付した箇所と紙との境目に消印をします。これを怠った場合にも、印紙税額相当の過怠税が課されます。

一方、印紙税の必要のない文書に誤って印紙を貼ってしまった場合や印紙税の額を超える印紙を貼ってしまったというような場合は還付が受けられます。還付を受けるには、必要事項を「印紙税過誤納確認

申請書」に記入して、納税地の税務署に提出しなければなりません。

●印紙税を節約するには

　契約書や領収書には当然金額を記載しますが、その際に消費税や地方消費税は区分して記載するようにします。というのは、消費税を記載金額に含めてしまうと、消費税込みの総額で印紙税の金額が判断されてしまうからです。たとえば、消費税率10％で税込み53,900円となっている売上代金の領収書の場合には200円の印紙税がかかります。

　しかし、消費税額が本体の価格とは明確に区分して表示されていれば、印紙税法上の記載金額には含めないことになっていますので、消費税分については印紙税がかかりません。前述した例の場合、本体49,000円、消費税および地方消費税4,900円と記載すれば印紙税は非課税となります。

　なお、金額を税込み53,900円で書いて「消費税および地方消費税10％を含む」という書き方は区分表示とはみなされませんので、具体的な消費税額の金額を記載することが必要です。また、不動産売買契約書などの契約書は、同じものを2通以上作成して当事者が保管することになっていますが、2通作成すれば、それぞれの契約書に印紙税がかかります。このような場合、契約書を1通だけ作成し、署名押印済みのものを必要な分だけコピーをとります。コピーは契約書ではないので、印紙税はかかりません。このコピーに署名押印すると、コピーではなく契約書になりますから、印紙税がかかってしまいます。

　現在では、FAXやメールをビジネスに利用する機会が多くあります。印紙税は課税文書である「紙」に対して課税されますので、FAXやメールそれだけでは課税されないことになります（署名や押印を加えれば課税文書となります）。

Q 登録免許税はどのような場合に必要になるのでしょうか。軽減の特例措置についても教えてください。

A 　登録免許税は、国税のひとつです。不動産、船舶、会社、人の資格などについて、公にその証明をするために必要な登記、登録、特許、免許、許可、認可、指定および技能証明を行うときに課税されます。

　たとえば、不動産を購入して登記をする場合には、登録免許税がかかります。登録免許税は、登記などを受けることによって第三者に対して公示ができるという利益に着目して課税される税金です。

　また、融資を受ける場合には、多くの場合不動産を担保に提供するため抵当権の設定登記を行いますが、そのときにも登録免許税が課税されます。不動産については、自分で購入する以外にも、相続や贈与などによって所有権が移転する場合があります。その際にも登記を行いますから、登録免許税が課されます。

　登録免許税を納めなければならないのは、登記や登録等を受ける人です。税額は、不動産の所有権の移転登記などのように不動産の価額に一定税率を掛けるものや、商業登記の役員登記のように1件あたりの定額になっているものなどまちまちです。

　登録免許税の納付は、原則として銀行などの金融機関に現金納付して、その領収書を登記等の申請書に貼り付けて提出します。ただし、税金が3万円以下の場合には、申請書に収入印紙を貼付して納めることができます。

●登録免許税の税率の基準

　不動産の登録免許税の金額は、課税標準額（税額を算定する上で基準とする金額のこと）に、税率を掛けて算出します。課税標準額は、新築による建物の所有権の保存登記や、売買や贈与等による土地・建物の所有権の移転登記では、登記される土地・建物の固定資産税評価

額になります。

　登記を行う時点での不動産の価値は、本来であれば、その時点での時価が課税標準額になります。しかし、権利関係を一般に示す（公示する）不動産登記は、迅速に処理しなければならないにもかかわらず、その時点の正確な時価の算定は困難であることから、登記までに時間がかかってしまいます。そこで、登記を申請する日を含む年の前年にあたる12月31日現在（あるいは、登記を申請する日を含む年の1月1日現在）の、固定資産課税台帳に登録されている固定資産税評価額が、課税標準額として用いられています。

　抵当権の設定登記の場合は、課税標準額は債権金額の総額です。

　適用される税率は、以下のとおりです。

①　新築した建物の所有権の保存登記は0.4%

②　売買、贈与、交換、収用、競売等による土地・建物の所有権の移転登記は2.0%

③　相続や、法人の合併による土地・建物の所有権の移転登記は0.4%

④　共有物の分割による土地の所有権の移転登記は0.4%

⑤　抵当権の設定登記は0.4%

　特例として、登録免許税の軽減措置がとられています。平成25年4月1日から令和5年3月31日までは、売買による土地の所有権の移転登記は1.5%です。

　建物については、令和4年3月31日までの措置として、自分の居住用の、床面積50㎡以上の家屋は、所有権の保存登記・移転登記、抵当権の設定登記の登録免許税が軽減されています。ただし、中古住宅の場合は、築後25年以内（木造は20年以内）のものであるか、一定の耐震基準に適合しているものであるか、あるいは、既存住宅売買瑕疵保険に加入している一定の中古住宅でなければなりません。

　具体的には、以下のように税率が軽減されています。

①　新築住宅の保存登記で0.15%

② 中古を含めた住宅の移転登記（売買と競売のみ）で0.3%

③ 抵当権の設定登記で0.1%

　また、④特定認定長期優良住宅や⑤認定低炭素住宅の新築等の保存・移転登記、⑥特定の増改築等がされた住宅用家屋の移転登記については、同じく令和4年3月までの措置で、税率は0.1%に軽減されています。

●登記の際にかかるその他の費用

　不動産の登記は司法書士に依頼するのが通常ですが、その場合、司法書士報酬がかかってきます。司法書士や物件によって、報酬額は異なります。

　一般的な相場としては、所有権保存登記または所有権移転登記と抵当権設定登記とのセットで、5万円前後かそれ以上のようです。

　その他に、司法書士の日当、交通費、立会費用などもかかってきます。合計額では、10万円前後か、それにプラスアルファ程度を見込んでおくとよいでしょう。

■ 登録免許税が課されるとき ……………………………………………

> 不動産を購入したとき、相続・贈与を受けたとき

> 会社の設立・増資をしたとき

> 特許権・実用新案権・意匠権・商標権を登録するとき

> 弁護士・税理士・医師・歯科医師などの資格を登録するとき

> 旅館業や建設業などの許認可事業の登録などを行うとき

固定資産税・都市計画税とはどんな税金か

かかる税金の金額や特例を把握して経営に臨むようにするとよい

● 固定資産税とは

　固定資産税とは、毎年１月１日現在、土地、家屋などの不動産、事業用の償却資産を所有している人が、その固定資産の評価額を基に算定される税額を、その固定資産の所在する市町村に納める（東京23区は都税）税金です。固定資産税は、以下のように計算されます。

　　課税標準額×1.4％

　課税標準額は、原則として固定資産税評価額を使用します。また、税率1.4％は標準税率であり、各市町村は条例によってこれとは異なる税率を定めることができます。

　固定資産税は土地や家屋に対して課税される他、事業用の償却資産に対しても課税され、償却資産税とも呼ばれます。固定資産税の課税対象となる償却資産とは、土地・家屋以外で事業のために使用する固定資産のことです。なお、自動車は別途自動車税が課税されるため、対象にはなりません。市町村内に事業用資産を所有している者は、毎年１月１日現在の所有状況を１月末日までに申告する必要があります。土地は土地登記簿、家屋は建物登記簿によって課税対象の把握ができますが、償却資産についてはこれに相当するものがないため所有者の申告が義務付けられています。固定資産税評価額は、国（総務大臣）が定めた「固定資産評価基準」に基づいて市町村が決定します。評価額は、土地については公示価格の70％程度（時価の50〜70％）、建物については建築費の40〜60％程度が一般的です。評価額は原則として３年ごとに見直し、評価替えが行われます。

　固定資産税は、通常６月、９月、12月、２月と、年４回に分けて納

めます。

● 不動産に関する固定資産税の納付

　固定資産税は土地や建物といった不動産などを所有していることに対して課せられる税金です。不動産に関する固定資産税に関しては、毎年1月1日現在のその不動産の所有者に対して納税通知書が送付されます。1月1日の翌日である1月2日に不動産を手放したとしても、1月1日に不動産を所有している限りその年1年間の固定資産税の全額を支払う義務があります。土地や建物を複数人で所有している場合、所有者全員が共同で固定資産税を納付する義務があります。したがって所有者の中に固定資産税を支払わない人がいた場合には、他の所有

■ 固定資産税の計算式と主な特例 ……………………………………

〈固定資産税額の計算式〉

　固定資産税額 ＝ 固定資産税課税標準額 ×1.4％

・一般住宅用地に関する特例
　　固定資産税評価額 ×1/3

・小規模住宅用地（200㎡以下）に関する特例
　　固定資産税評価額 ×1/6

・新築住宅の税額軽減
　　新築住宅で50㎡以上280㎡以下のものは、3年間（3階建て以上の耐火建築住宅は5年間）一定面積（120㎡）に対応する税額を2分の1に減額

・耐震改修の税額軽減
　　昭和57年1月1日以前から建っている住宅について一定の耐震改修工事をした場合、翌年分の税額を2分の1に減額（一定の避難路などの場合には2年間の減額の措置がある）

・省エネ改修をした場合の税額軽減
　　平成20年1月1日以前から建っている住宅について一定の省エネ改修工事をした場合、翌年分の税額を3分の1に減額

者に支払われていない分の固定資産税を納税する義務が生じます。

　分譲マンションなど、区分所有建物の敷地は、建物の区分所有者が専有面積に応じて共有する形がとられています。このような場合でも区分所有者全員で連帯して納税する義務を負っているのが原則です。しかし、以下の2つの要件を満たす場合には連帯して納税する義務は負わず、自分の持分に応じた税金を支払えばよいことになっています。
・区分所有者全員が敷地を共有していること
・敷地と建物の専用部分の持分割合が一致していること

● 不動産に関する固定資産税の特例

　固定資産税は、74ページのとおり固定資産税評価額×1.4％で計算されますが、一定の要件を満たす場合、以下の①住宅用地の特例、②新築住宅の特例のように、固定資産税を減額する特例の適用を受けることができます。他にも、耐震改修をした場合の特例、バリアフリー改修をした場合の特例、省エネ改修をした場合の特例といった制度が用意されています。

①　住宅用地の特例

　通常の住宅用地では、固定資産税の課税標準額が小規模住宅用地（200㎡までの部分）の場合は、固定資産税評価額の6分の1、一般住宅用地（200㎡を超える部分）については3分の1と、特例により軽減されています。つまり更地にするよりも、建物を残しておくほうが、税金が少なくなるわけです。ただし、固定資産税の取扱いにおいても、空き家の発生を抑制するための措置が講じられています。具体的には、空き家等対策の推進に関する特別措置法（空き家対策特別措置法）による勧告の対象となった空き家等に関する土地については、住宅用地に関する特例の対象から除外されることになっています（134ページ）。特例から除外された場合、固定資産税は最大で6倍となります。もし空き家状態で置いておくのであれば、定期的に清掃や修繕を施すなど、

管理を怠らないようにしておく必要があります。

② **新築住宅の特例**

　新築住宅が令和4年3月31日までに新築されていて、一定の要件を満たす場合に、家屋の固定資産税が2分の1に減額されます。居住部分が120㎡までのものは、全部が減額対象になりますが、120㎡を超える場合には、120㎡に相当する部分だけ減額対象になります。減額期間は、3階建て以上の耐火・準耐火建築物である住宅（マンションなど）は5年間、それ以外の住宅（一戸建て住宅など）は3年間です。居住用部分の床面積50㎡以上（賃貸住宅の場合は各室が40㎡以上）280㎡以下であることが要件となっています。

③ **耐震改修をした場合の特例**

　平成18年1月1日から令和4年3月31日までに、昭和57年1月1日以前に建てられた住宅について一定の耐震改修工事をした場合には、一定期間、その住宅にかかる固定資産税を2分の1に減額されます。改修により認定長期優良住宅に該当することになった場合は、固定資産税の3分の2が減額されます。この減税の適用を受けるためには、耐震基準に適合した工事であることの証明も必要です。

④ **省エネ改修をした場合の特例**

　平成20年1月1日以前に建てられた住宅（賃貸住宅を除く）について平成20年4月1日から令和4年3月31日までの間に、一定の省エネ改修工事をした場合には、工事が完了した翌年度分の固定資産税のうち（1戸あたり120㎡相当分まで）、3分の1が減額されます。③と同様、改修により認定長期優良住宅に該当することになった場合は、固定資産税の3分の2が減額されます。なお、必ず現行の省エネ基準に適合した改修であることが求められます。この減額については、耐震改修に伴う減額と同時に適用はできません。

● 都市計画税とは

　都市計画税とは、都市の整備に充てるための財源として徴収する地方税です。都市計画税の対象となるのは、毎年１月１日現在で都市計画法という法律に基づいて、市街化区域内の土地や家屋の所有者として固定資産課税台帳に登録されている人です。都市計画税の税額は、固定資産税評価額に一定税率を掛けて算出し、固定資産税と同時に市区町村（東京23区は都税事務所）に対して納税します。都市計画税は固定資産税と同様に、通常６月、９月、12月、２月と、年４回に分けて納めます。都市計画区域内でなければ、課税されないのですが、都市計画区域は、ほとんどすべての自治体で導入されています。税率と都市計画税についての特例措置は下図のようになります。

　固定資産税と異なり、都市計画税の税率は0.3％を上限として各市町村で異なる税率を定めることができます。この都市計画税についても特例があります。住宅の敷地として使用されている土地で、小規模住宅用地（200㎡までの部分）については、課税標準額が３分の１に減額されます。また一般住宅用地（200㎡を超える部分）については、課税標準額が３分の２に減額されます。

■ 都市計画税の税率と特例 ･･･････････････････････････

税率	土地	課税標準額×0.3％
	建物	建物課税台帳に登録されている金額×0.3％
特例措置		住宅用地については、課税標準額を以下のように軽減 ・住宅１戸あたり200㎡までの住宅用地については価格の３分の１を課税標準額とする ・200㎡を超える部分についても価格の３分の２を課税標準額とする

※上図の税率「0.3％」は東京23区を基準とした税率。市区町村によって軽減されているケースはある（たとえば、埼玉県新座市では平成29年度以降の都市計画税の税率は0.2％とされている）。

4 不動産取得税について知っ ておこう

不動産を取得したときに発生する

● 不動産取得税とは

　不動産取得税は、不動産（土地や建物）を買った場合や建物を建てた場合に、その土地や建物を取得した人に対して課される税金です。たとえ取得した土地や建物が登記されていなくても、不動産取得税の課税対象となります。毎年納税する必要のある固定資産税や都市計画税とは異なり、不動産取得税は新たに不動産を取得した時の1回だけ税金を納めます。

　不動産取得税が課税される場合に基準となる不動産の価格は、実際に購入した価格ではなく、固定資産課税台帳に登録されている固定資産税評価額です。ただ、新築の建物の場合など、この固定資産課税台帳に固定資産税評価額が登録されていない場合には、都道府県知事が価格を決定することになっています。この計算は、国（総務大臣）が定める固定資産評価基準に基づいて行われます。

　不動産取得税の具体的な金額については、取得した不動産の固定資産税評価額（課税標準額）に税率を掛けて算出されますが、実際には一定の不動産については要件を満たせば税額を優遇する特例が適用されます。

● 税率や課税標準と主な軽減措置

　不動産取得税には複数の減税効果のある軽減措置が設定されています。計算にあたり必要な税率や免税金額等は次のとおりです。

① **税率や課税標準**

　不動産取得税の税率は原則4％です。ただし、平成20年4月1日か

ら令和6年3月31日までに取得する土地および住宅用の家屋について
は3％となり1％軽減されます。税率を掛ける土地・家屋の価格（課
税標準額）は、原則として、取得時の固定資産課税台帳に登録されて
いる固定資産税評価額です。ただし、宅地等の土地については、令和
6年3月31日までに取得する場合は、課税標準額は、固定資産税評価
額の2分の1になります。

② 不動産取得税が免税となる金額

　土地の場合で、課税標準額が10万円未満のときは、不動産取得税は
課税されません。また、新築、増築、改築による家屋建築の場合は課
税標準額が23万円未満のとき、売買、贈与、交換などの方法で取得し
た家屋の場合は12万円未満のときには税金が免除されます。なお、不
動産を相続によって取得した場合も、不動産取得税はかかりません。

③ 主な軽減措置

　不動産取得税についても一定の要件を満たす場合には特例が適用
されます。たとえば、新築住宅を建築または購入により取得した場
合、「特例適用住宅」の基準を満たすと、課税標準額から1200万円が
控除されます。特例適用住宅の基準は、住宅の床面積が50㎡以上240
㎡以下（ただし、貸家である共同住宅の場合は貸室1室につき40㎡以
上240㎡以下）となっています。

　この住宅用家屋が建っている土地についても、不動産取得税に対す
る軽減措置が設けられています。前述のとおり、令和6年3月31日ま
でに土地を取得した場合は、固定資産税評価額の2分の1の額をその
土地の課税標準額として計算できる他、①45,000円と②土地の1㎡あ
たりの固定資産税評価額×1/2×住宅の床面積の2倍（200㎡が限度）
×3％のいずれか大きい方の金額を軽減額として税額より差し引くこ
とができます。

　また、耐震基準に適合している中古住宅である「耐震基準適合既存
住宅」を取得した際も、課税標準額から一定額が控除されます。控除

額は中古住宅が新築された時期に応じて定められており、100万円〜最大1,200万円（認定長期優良住宅の場合は1,300万円）までの控除を受けることができます。

　この特例を受けるためには、中古住宅が新耐震基準に適合していること、居住のために取得したものであること、床面積が50㎡以上240㎡以下であることなどの要件を満たす必要があります。

● 不動産取得税の税額計算の仕方

　不動産取得税は、軽減措置によって一部の計算方法が変わります。特例適用となる条件の新築住宅の具体的な税額を計算してみましょう。

　住宅：床面積120㎡、固定資産評価額1,000万円（新築住宅）

　土地：面積180㎡、固定資産評価額1,800万円

　住宅についての税額は、軽減なしの場合は、1,000万円×3％＝30万円となりますが、特例を適用した場合、（1,000万円−1,200万円）×3％＝0円となります。土地については、軽減なしの場合、（1,800万円×1/2）×3％＝27万円となりますが、軽減措置を適用した場合は、（1,800万円×1/2）×3％−軽減額30万円で、0円となります。住宅と土地を合わせた減税額は、30万円＋27万円＝57万円となります。

■ 不動産取得税の内容と税額の算出方法 ……………………………

内　　容	不動産を購入した場合や建物を建てた場合に、その土地や建物を取得した人に課される税金。毎年納税するのではなく、取得時の1回だけ納税する。
算出方法	固定資産税評価額 × 税率（ただし、軽減措置あり）
税　　率	平成20年4月1日から令和6年3月31日までに取得した場合の税率は以下のとおり 　・土地、住宅用家屋 ➡ 3％ 　・住宅以外の家屋 ➡ 4％

5 不動産所得について知っておこう

不動産から生じる家賃、権利金、更新料などの所得である

● 不動産所得とは

　不動産所得とは、土地や建物などの不動産、不動産の上に存する権利、船舶や航空機を貸し付けることで得た地代、家賃、権利金、賃貸料などの所得です。不動産所得の収入金額は、賃貸料であれば契約上の支払日、権利金であれば資産の引渡日や効力発生日を基準に計上するのが原則です。不動産の貸付を事業として行っている場合であっても、その所得は事業所得ではなく不動産所得となります。収益用の物件だけでなく、自宅などの余った部屋に人を下宿させて家賃を受け取っている場合も不動産所得になります。また、船舶や航空機の貸付による所得も不動産所得に該当します。

　なお、不動産の仲介などによる所得は事業所得または雑所得になります。不動産所得の金額は、他の所得と合算されて総所得金額を構成し、超過累進税率により総合課税されます。

● 収入と必要経費

　不動産所得は、収入金額から必要経費、青色申告特別控除額（該当する場合）を差し引いた金額になります。

　収入にあたるものとしては、前述した地代、家賃、賃貸料、権利金の他、礼金、更新料、名義書換料などが挙げられます。また、借地人（土地を借りている人）が家を建て替えようとした場合、地主に対して承諾料を支払うことがあります。このような承諾料も収入に含まれます。

　敷金や保証金などで退去時に返還されることになっているものは、

原則として収入にはあたらず、預り金として扱われます。ただし、敷金や保証金のうち一部ないし全部を返還しない契約となっている場合、その返還されない部分については収入とされます。

　共同住宅では、街灯など共用部分の維持やごみ処理のための費用負担として共益費を徴収する場合があります。共益費も貸主の収入に含まれます。一方で、貸主が実際に支払った共益費相当の費用については、貸主の必要経費として処理することになります。

　次に、必要経費にあたるものとしては、土地や建物にかかる不動産取得税、登録免許税、固定資産税、修繕費、損害保険料、減価償却費、業務開始後の借入金利息、管理人の給料などが挙げられます。これに対して、業務開始前の借入金利息、建築確認費用、地鎮祭や上棟式の費用は、必要経費ではなく建物などの取得価額に含まれます。

　なお、建物や建物付属設備などの取得価額に算入された金額については、所定の耐用年数にわたり、定額法や定率法（平成10年４月１日以降取得の建物及び平成28年４月１日以降取得の建物付属設備や構築物

■ 不動産所得の計算方法 ･･････････････････････････････････

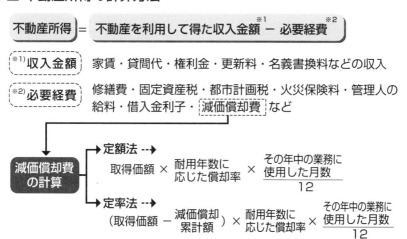

不動産所得 = 不動産を利用して得た収入金額※1 − 必要経費※2

※1)収入金額　家賃・貸間代・権利金・更新料・名義書換料などの収入

※2)必要経費　修繕費・固定資産税・都市計画税・火災保険料・管理人の給料・借入金利子・減価償却費など

減価償却費の計算

→定額法 --→　取得価額 × 耐用年数に応じた償却率 × その年中の業務に使用した月数 / 12

→定率法 --→　（取得価額 − 減価償却累計額） × 耐用年数に応じた償却率 × その年中の業務に使用した月数 / 12

は定額法）といった方法で減価償却費として必要経費に計上されます。不動産収入から必要経費を差し引いて赤字になった場合は、他の所得と損益通算することができます。ただし、土地の取得に要した借入金の利息については損益通算の対象とはならないので注意が必要です。

● 事業的規模の不動産貸付

　不動産の貸付を事業的規模で行うことにより、いくつかのメリットを享受することができます。たとえば、家族などがその不動産貸付事業に従事して給与を支払っている場合には、青色事業専従者給与として必要経費に計上したり、白色申告の場合でも事業専従者控除を利用することができます。また、事業的規模でない場合は10万円の青色申告特別控除が、事業的規模の場合は一定の要件を満たすことで最高65万円の青色申告特別控除が適用できます。それ以外にも、建物の取壊し損失や除却損失の全額（事業的規模でない場合は不動産所得の金額が限度）、貸倒損失、不動産所得に対応する部分の利子税などを必要経費とすることができます。その一方で、事業税の課税対象となってしまうというデメリットもあります。

● 事業的規模の判断基準は？

　不動産貸付が事業的規模に該当するかどうかは、社会通念上事業といえる規模で行われているか実質的に判断する必要があります。しかし、これだけでは具体的な判断が難しいため、一定の形式基準があります。たとえば、建物の場合、アパートであれば10室以上、貸家であれば5棟以上が基準とされます。この基準は一般に「5棟10室基準」と呼ばれています。

6 譲渡所得の基本をおさえておこう

「短期」と「長期」に区分して計算する

● 譲渡所得とは

　譲渡所得とは、資産の譲渡による所得のことです。譲渡所得の金額は、譲渡価額から取得費、譲渡費用、特別控除額を差し引いて算定されます。たとえば、土地や建物の譲渡の場合、取得費は、購入したときの代金や家屋の改良費などのことを指します。また、譲渡費用は、土地や建物を売るために直接かかった費用のことで、不動産業者に支払った仲介手数料や立退料、売主が負担した印紙税の金額などが含まれます。

　では、土地建物以外の資産を売ったときの譲渡所得はどのように算定するのでしょうか。

　たとえば、3年前に購入したゴルフ会員権を譲渡した場合に、具体的な数値例を使って譲渡所得を算定すると次のとおりになります。

（数値例）

　譲渡代金10,000,000円、会員権の取得費5,000,000円、会員権の仲介業者への譲渡時の手数料100,000円

（譲渡益の計算）

　10,000,000円 −（5,000,000円 + 100,000円）= 4,900,000円

（譲渡所得の計算）

　譲渡益4,900,000円 − 特別控除額500,000円 = 4,400,000円

　逆に、経費を引くとマイナスになる場合、生じた損失のことを「譲渡損失」といいます。ただし、棚卸資産（商品や製品、また不動産業

者が所有する販売用の土地なども含まれます）の譲渡や営利を目的として継続的に行われる資産の譲渡による所得は譲渡所得には含まれず、事業所得や雑所得に分類されます。

また、山林の譲渡による所得についても、山林の保有期間によって山林所得または事業所得・雑所得に含まれることになります。土地、建物、株式、機械、器具備品、書画骨董、営業権、ゴルフ会員権などが譲渡所得の対象資産になります。

なお、生活用動産の譲渡による所得（1個または1組の価額が30万円を超える宝石、貴金属などを除きます）や、強制執行や担保権の実行としての競売などを原因とする譲渡による所得については課税されません。また、土地建物等および株式の譲渡による所得は分離課税です。

● 譲渡所得の金額はどうなる

まず、ゴルフ会員権などの資産の譲渡が、その資産の取得の日以後5年以内になされたもの（短期譲渡所得）かそれ以外のもの（長期譲渡所得）かに区分します。そして、それぞれその年の資産の譲渡による収入金額からその資産の取得費および譲渡に要した費用の額の合計額を控除し、その残額の合計額から譲渡所得の特別控除額（50万円）を控除した金額が譲渡所得になります。

● 短期と長期では税額に大きな差

総合課税（土地、建物、有価証券以外）の譲渡所得は他の所得と合算されることになりますが、短期譲渡所得がそのままの金額で合算されるのに対して、長期譲渡所得は2分の1を乗じた金額が合算されます。長期の場合は税額が半減されて短期譲渡所得よりも有利になるため、資産の売却を考える際は、短期と長期の区分は十分考慮したほうがよいでしょう。

また、特別控除額の50万円は、まず短期譲渡所得から控除して、そ

れでも控除しきれない場合に長期譲渡所得から控除します。

◉ 取得費の計算方法

　取得費とは、譲渡原価に相当するもので、①資産の購入代金、②（取得時の）仲介手数料、③登記費用、④設備費、⑤改良費などの合計額から償却費相当額を控除した金額になります。

　償却費相当額は、業務用の資産であれば事業所得や不動産所得と同様に計算する減価償却費の累計額となります。

　これに対して、非業務用の資産では、次の算式で計算されます。

償却費相当額＝取得価額×0.9×償却率×経過年数

　0.9を掛けるのは、残存価額を10％と考えているためです。業務用の資産では、平成19年4月1日以降に取得した資産については、1円まで償却することになっているので、残存価額という考え方はもう存在しないのですが、非業務用の資産では従来のような計算になっています。

■ **譲渡所得（総合課税）にかかる税金** ………………………………

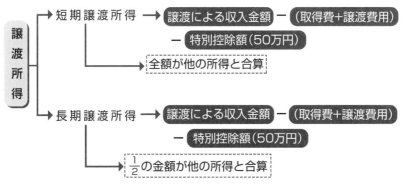

※特別控除額の限度額50万円は短期譲渡所得からまず差し引く。長・短で50万円が限度となる。

土地や建物を売却したときの税金について知っておこう

所有期間が５年以下かどうかで税率が異なる

● 土地や建物を売ったときの譲渡所得

　所得税の対象となる所得は10種類（24 ～ 26ページ）に分類されます。そのうち、総合課税となる所得については、各所得を合計して、その全体に税率を掛けます。これに対して、土地や建物を売った場合の譲渡所得には申告分離課税という方式が適用され、他の所得とは合計せずに単独で税金を計算するしくみになっています。

　なお、源泉徴収だけで完結する源泉分離課税とは異なり、申告分離課税の場合には確定申告が必要になります。土地や建物を売ったときの譲渡所得は、譲渡価額（収入金額）から取得費と譲渡費用を引いた額になります。取得費とは、簡単に言うと、その土地や建物を購入した価額、また、譲渡費用とはその土地や建物を売るのに要した仲介手数料その他の費用のことです。

● 税率はどうなるのか

　土地や建物の譲渡所得の税率は、所有期間の長短によって異なってきます。売却した年の１月１日時点の所有期間が５年以下の場合を短期譲渡所得、５年を超える場合を長期譲渡所得といいます。短期譲渡所得の場合は、所得税30％、住民税９％の合計39％、長期譲渡所得の場合は、所得税15％、住民税５％の合計20％となります。なお、平成25年から令和19年までの所得には、所得税に2.1％を掛けた復興特別所得税がかかります。

● 取得日や譲渡日を確かめる

短期譲渡所得と長期譲渡所得で税率が異なるのと共に、所有期間によって適用できる特例も異なりますので、土地や建物の取得日、譲渡日がいつになるのかは大変重要です。

基本的には、土地や建物の取得日、譲渡日は、引渡日と契約の効力発生日のいずれかを選択することができます。ただし、新築物件を購入する際には引渡日が取得日になります。

● 取得費の計算方法について

取得費は、資産の取得に要した金額に設備費や改良費を加えたものから償却費相当額を差し引くことによって算定されます。

償却費相当額は、資産の取得価額をもとに、業務に使用されていた期間と業務に使用されていなかった期間の区分に応じ、譲渡時までの償却費累計額を算定することになります。

非償却資産である土地と償却資産である建物を一括で取得している場合は、契約書上の記載あるいは消費税額から建物の価額を割り出します。契約書で不明の場合には標準的な建築価額をもとに建物の価額を計算します。さらに、取得費が不明の場合には、収入金額の５％を

■ 土地・建物を譲渡した場合の税金 ………………………………

土地・建物の譲渡所得 ＝ **譲渡による収入金額** － **（取得費＋譲渡費用）**

長期譲渡所得 ➡ 譲渡した年の１月１日において **所有期間** が５年を超えるもの

> 「所有期間」とは、土地や建物の取得の日から引き続き所有していた期間をいう。この場合、相続や贈与により取得したものは、原則として、被相続人や贈与者の取得した日から計算する。

短期譲渡所得 ➡ 譲渡した年の１月１日において **所有期間** が５年以下のもの

概算取得費として採用することも認められています。

● 不動産売却に関する様々な税金優遇措置

　前述のとおり、不動産取引は経済に大きな影響を与えるため、不動産売却に関しては、税制上様々な特例が設けられています。主な優遇措置として主に次のものがあります。

・マイホームを売却した場合の3,000万円の特別控除（詳細は98ページ）

　一定の条件を満たすマイホームを売却した場合、譲渡所得から3,000万円を控除することができます。

・10年超所有のマイホーム売却の軽減税率（詳細は100ページ）

　10年を超えて住んでいたマイホームを売った場合、譲渡所得が6,000万円までは所得税が10%、住民税が4％の合計14%となり、通常の長期譲渡よりも低い軽減税率を適用することができます。

・特定の居住用財産の買換え特例（詳細は111ページ）

　所有期間10年超のマイホームを売却して、それよりも高額な住居に買い換えた場合、売却益に対する課税を買換え資産の売却時まで繰り延べることができます。

・特定事業用資産の買換え特例（詳細は115ページ）

　居住用財産の買換えの特例と同様、所有期間10年超の事業用資産の譲渡益の70 〜 80％に対する課税を将来に繰り延べることができます。

・固定資産の交換の特例（詳細は118ページ）

　1年以上所有している土地や建物などと交換で時価の差が20％以内の同種資産を取得した場合で、一定の要件を満たしたものについては課税をしないという制度です。

・空き家の譲渡所得の特別控除（詳細は136ページ）

　被相続人（故人）が居住していた家屋を相続した人が、相続から3年を経過する日の属する年の12月31日までに家屋またはその敷地を譲渡した場合に、譲渡益から3,000万円を控除することできる制度です。

8 通常の不動産譲渡に対する所得税について知っておこう

譲渡所得は売却額から取得費と譲渡費用を引いた額である

🔵 不動産を売却したときの税金と譲渡所得の計算方法

　収入によって利益を得ると税金がかかります。所得税の原則は、全部で10種類（24 〜 26ページ）ある各所得を合計して、その全体の所得に対して税金がかかる形になります。これを総合課税といいます。しかし、土地や建物を売った場合は、申告分離課税という方式が適用され、他の所得とは合計せずにそれ単独で税金を計算するしくみになっています。

　また、土地や建物を売ったときの所得は、10種類あるうちの「譲渡所得」になります。申告分離課税には確定申告が必要です。

　土地や建物を売ったときの譲渡所得は、その売却価格である「収入金額」から「取得費」と「譲渡費用」を引いて、さらに該当する「特別控除額」を引いた金額となります。

譲渡所得＝収入金額－（取得費+譲渡費用）－特別控除額

　収入金額は、土地や建物を売ったことにより受け取る金額ですが、土地建物を出資して株式を受け取るなど、金銭以外の物等で受け取った場合は、その物等の時価を収入金額とします。

　おおまかには、取得費はその土地・建物を購入した価格、譲渡費用はその土地・建物を売るのに必要となった費用のことです。

🔵 譲渡の種類と特別控除額

　土地や建物を売った場合に、譲渡所得の金額から特例として「特別控除」が受けられる場合があります。次ページのとおり、それぞれ受けられる特別控除が決められています。

特例を適用する場合の注意事項としては、それぞれの特別控除額が、その特例ごとの譲渡益を限度額とします。特別控除額は、その年の譲渡益の全体を通じて、合計5,000万円を上限として、①から⑥の特例の順に優先されて控除されます。

　マイホームを売却した場合は、一般的に②について適用可能な場合が多い特例となります。このマイホームを売却した場合の特例の詳細は、98 ～ 104ページで解説しています。

① 　公共事業などのため、土地建物を売った場合…5,000万円の特別控除

② 　マイホームを売った場合…3,000万円の特別控除

③ 　特定土地区画整理事業などのために土地を売った場合…2,000万円の特別控除

④ 　特定住宅地造成事業などのために土地を売った場合…1,500万円の特別控除

⑤ 　平成21年か22年に取得した国内にある土地を譲渡した場合…1,000万円の特別控除

⑥ 　農地保有の合理化などで土地を売った場合…800万円の特別控除

● 取得費とは

　土地や家屋の取得費とは、その土地・家屋の購入代金や建築代金、購入手数料などの「購入代金等合計額」です。そこには設備費や改良費なども含まれます。ただし、建物の場合は、年月が経つと次第に財産の価値が減るので（これを「減価償却」といいます）、取得費もその分だけ減るように定められています。

　具体的には、その建物の購入代金・建築代金や購入手数料などの「購入代金等合計額」から、「減価償却費相当額」を差し引くことになります。購入代金・建築代金や購入手数料などの「購入代金等合計額」には、他に以下のようなものが含まれます。

① 登記費用を含む登録免許税、不動産取得税、特別土地保有税、印紙税（印紙代）

ただし、事業用の土地・建物の場合は含まれません。

② 借主に支払った立退料

土地や建物を借りていた人に立退料を支払った場合は、その立退料も含めます。

③ 埋立や土盛り、地ならしなどの造成費用

土地を購入する際に、造成のために土地を埋め立てたり、土盛り、地ならしをした場合は、その造成費用も含めます。

④ 土地の測量費

その土地を測量するためにかかった測量費も含めます。

⑤ 土地・建物を自分のものにするためにかかった訴訟費用

ただし、相続財産である土地を遺産分割するためにかかった訴訟費用等は含まれません。

⑥ 土地の利用が目的であった場合の、建物の購入代金や取壊し費用

土地の利用が目的で土地とその上に建つ建物を購入した場合に、建物の購入代金や建物の取壊し費用も含めます。

⑦ 土地・建物を購入するために借りた資金の利子

ただし、実際にその土地・建物を使用し始めるまでの期間の利子に限られます。

⑧ すでに行っていた土地・建物の購入契約を解除して、他の土地・建物を購入し直したときに発生した違約金

いったん結んだ土地・建物の購入契約を解除して他の土地・建物を購入した場合には、購入契約違反の違約金も含めます。

建物の「減価償却費相当額」については、建物の構造ごとに法定耐用年数（期間の経過によって価値が減少するような資産について、減価償却費として計上する年数のこと）が定められています。たとえば、木造建築の居住用の場合には22年です。ただし、これは事業用建物の

場合であり、マイホーム（非事業用、居住用建物）の場合はその1.5倍である33年になります。

　法定耐用年数が過ぎると、平成19年3月31日以前に取得した建物の価値は「購入代金等合計額」の10%になります（これを「残存価額」といいます）。また、平成19年4月1日以降に取得した建物の残存価額は1円になります。なお、残存価額は法定耐用年数到来後の建物などの実際の販売価値を示しているわけではなく、あくまでも譲渡所得を計算するために一定の仮定により設けられているものです。

　居住用の木造建築の場合で、「購入代金等合計額」が2,000万円だった場合、33年経つとそれ以降、建物の価値は200万円（平成19年3月以前に取得）か1円（平成19年4月以降に取得）になるわけです。

　法定耐用年数までは、経過年数に比例して価値が下がっていきます。たとえば、居住用木造建築の場合で、購入後1年ごとに、購入金額の90%（平成19年3月以前に取得）か100%（平成19年4月以降に取得）の33分の1だけ価値が下がります。税金の実務では、33分の1という計算をするのではなく、33の逆数に相当する、0.031の「償却率」を掛けることになります。

　平成19年3月以前に「購入代金等合計額」が2,000万円で購入したマイホームが10年経ったときには、2,000万円の90%の額に、0.031を10倍した数値を掛けた558万円が減価償却されていて、その時点での建物の価値は1,442万円になります。これが、その時点で計算した建物の「取得費」になります。また、平成19年4月以降に同じく2,000万円で購入したマンションが10年経った場合には、2,000万円に0.031を10倍した数字を掛けた620万円が減価償却されたことになり、建物の価値は1,380万円になります。

　購入時期などがはっきりせず、購入時の代金等の「購入代金等合計額」がわからない場合は、「取得費」を売却価格の5%の額にすることができます。

相続や贈与によって取得した土地・建物の場合、購入代金等や購入時期は、被相続人や贈与者がその土地・建物を購入した「購入代金等合計額」と購入時期が適用されます。

　また、相続した土地・建物を一定期間内に売却した場合は、相続税額の一部を「取得費」に追加する特例もあります（202ページ）。

● 譲渡費用とは

　譲渡費用とは、土地・建物を売却するために直接かかった費用です。以下のようなものがあてはまります。

① 　売却時の仲介手数料

② 　売却のために測量した場合の土地の測量費

③ 　売買契約書等の印紙代

④ 　売却のために借家人に支払った立退料

⑤ 　土地を売るためにそこに建てられていた建物を取り壊した場合の、その建物の取壊し費用と取得費（減価償却後）

⑥ 　すでに行っていた土地・建物の売却契約を解除して、より良い条件で売却することにしたときに発生した違約金

⑦ 　借地権を売るときに土地の貸主の許可をもらうために支払った費用

　以上のようなものが譲渡費用になりますが、修繕費や固定資産税など、土地・建物の維持・管理のためにかかった費用は、「売却するため

■ 建物の法定耐用年数表 ……………………………………………

		非事業用 （マイホーム等）		事業用 （居住用賃貸マンション等）	
		耐用年数	償却率	耐用年数	償却率
建物の 構造	木造	33年	0.031	22年	0.046
	鉄筋 コンクリート	70年	0.015	47年	0.022

※非事業用の耐用年数は事業用の1.5倍で計算される。

に直接かかった費用」には該当しないため、譲渡費用には含まれません。

　同様に、売った代金の取立てのための費用なども、譲渡費用には含まれません。

● 税率はどうなるのか

　土地・建物の譲渡所得は、その不動産の所有期間の長短によって異なってきます。所有期間が5年以下の場合を短期譲渡、所有期間が5年を超える場合を長期譲渡といいます。短期譲渡では税金が高率になっています。正確には、売却した年の1月1日時点の所有期間が5年以下のときに「短期譲渡」になり、譲渡した年の1月1日時点の所有期間が5年を超えていたときに「長期譲渡」になります。

　短期譲渡の場合は、税率は国税である所得税が30％、地方税である住民税が9％で合計で39％です。長期譲渡の場合は、所得税が15％、住民税が5％で合計で20％です。なお、平成25年から令和19年までの所得には、従来の所得税に2.1％を掛けた復興特別所得税がかかります。

● 取得日や譲渡日がいつかを確かめる

　短期譲渡と長期譲渡で税金の額が異なりますし、他にも税金上の特例がありますので、土地・建物の取得日と譲渡日が正確にいつであるのかは大事な問題になります。

　「取得日」つまり購入などの手段によってその土地・建物を取得した日については、それが購入であった場合は、「引渡日」と「契約日」のどちらか好きなほうを選択できます。ただし、新築の建物を購入する場合は、「契約日」を選択することはできず、「引渡日」が取得日になります。

　「譲渡日」つまり売却などの手段によってその土地・建物を譲渡した日も、「引渡日」と「契約日」のどちらか好きなほうを選択できます。たとえば、土地・建物の売却に関して、ある年の1月1日時点で

所有期間が５年を超えてはいるが、６年は超えておらず、その年の年初に売却不動産を相手方に引き渡し、契約は前年末に済ませていた場合を例に考えてみましょう。この場合、税務上の「譲渡日」として「引渡日」を選択した場合は長期譲渡、「契約日」を選択した場合は短期譲渡となり、税率が39％と20％で約２倍違うことから、税金額が約２倍も異なることになります。売主としては、通常支払う税金を安くすませたいでしょうから、「譲渡日」は長期譲渡になる「引渡日」を選択したほうが得になります。不動産を取得・売却する際にはいつが取得日・譲渡日になるのかを確認することが大切です。

■ 譲渡費用にあたるもの ……………………………………………

① 売却時の仲介手数料
② 売却のために測量した場合の土地の測量費
③ 売買契約書等の印紙代
④ 売却のために借家人に支払った立退料
⑤ 土地を売るためにそこに建てられていた建物を取り壊した場合の、その建物の取壊し費用と取得費（減価償却後）
⑥ すでに行っていた土地・建物の売却契約を解除して、よりよい条件で売却することにしたときに発生した違約金
⑦ 借地権を売るときに土地の貸主の許可をもらうために支払った費用

■ 不動産譲渡に関する所得税等の原則的な税率 …………………

短期譲渡 （不動産の所有期間５年以下）		所得税：30% 住民税： 9%
長期譲渡 （不動産の所有期間５年超）		所得税：15% 住民税： 5%

※復興特別所得税を含めると、短期譲渡の所得税は30.63%、
　長期譲渡の所得税は15.315%となる。

マイホームを売ったときの特例とはどんなものか

マイホームを売ったときには3,000万円の特別控除がある

● 3,000万円控除の特例がある

　マイホームつまり自宅を売却した場合、譲渡所得から3,000万円が特別に控除される、税法上の特例があります。不動産を売った利益のうち、3,000万円分に税金がかからないことになります。ただし、譲渡所得が3,000万円未満の場合は、控除額はその額になります。たとえば、譲渡所得が2,000万円の場合は控除額も2,000万円ということになります。

　この特別控除の特例は、所有期間が5年以下（短期譲渡）でも5年超（長期譲渡）であっても適用されます。

　3,000万円控除を受けるためには、次ページ図の要件を満たす必要があります。補足すると、以下のようになります。

　①の要件は、今は住んでおらず、以前に住んでいた土地や建物の場合は、住まなくなった日から3年目の12月31日までに売却しなければなりません。また、災害によって消滅した建物の場合も、その建物の土地に住まなくなった日から3年目の12月31日までに売却しなければなりません。

　②の要件は、自宅建物を売却した年の前年か前々年にもこの特例の適用を受けている場合、再度特例の適用を受けることは認められません。また、マイホームの買換えやマイホームの交換の特例など他の特例の適用を受けていないことが要件です。ただし、3,000万円の特別控除の特例と10年超の軽減税率の特例は、同時に適用を受けることができます。

　なお、以下の場合には、3,000万円控除を受けることはできません。

・その建物への入居が、この3,000万円控除を受けることだけを目的
　としていたと判断される場合
・その建物への入居が、マイホームを新築する期間の仮住まいや、そ
　の他の一時的な目的での入居と判断される場合
・別荘などのように趣味、娯楽、保養を主な目的とする建物の場合

● 特別控除の適用が問題となる様々なケース

　3,000万円控除は、実際に自分が住んでいるマイホームを売ること
が、その特例の適用を受けるための条件になっています。しかし、実
際にはそこに住んでいなくても3,000万円控除を受けられる、特別な
例があります。

① 　空き家にしていたマイホームを売った場合

　売却した建物が、以前に自分が所有者として住んでいたマイホーム
であり、自分が住まなくなった日から3年を経過した年の12月31日ま
でに売却した場合は、3,000万円控除の適用を受けることができます。

■ 3,000万円控除を受けるための要件 ……………………………

> ① 自分が住んでいる建物を売るか、その自宅建物と一緒に建物が立っ
>   ている土地（借地権の場合も有効）を売ること
> ② 自宅建物を売った年の前年と前々年に、このマイホームを譲渡し
>   た場合の 3,000万円の特別控除の特例や、マイホームの買換えや
>   マイホームの交換の特例やマイホームの譲渡損失についての損益通
>   算および繰越控除の特例の適用を受けていないこと
> ③ 売却した土地・建物について、公共事業などのために土地を売っ
>   た場合の特別控除など他の特例の適用を受けていないこと
> ④ 売った側と買った側の関係が、親子や夫婦、内縁関係にある人、
>   生計を一にしている親族、特殊な関係のある法人などの特別な間柄
>   ではないこと

② **配偶者と子どもだけが住んでいるマイホームを売った場合**

自分が転勤などで、配偶者と子どもと離れて単身で他の住居で生活しており、その転勤などの事情がなくなれば、現在配偶者と子どもが住んでいるマイホームでいっしょに生活すると判断される場合、そのマイホームの売却は3,000万円控除の適用を受けることができます。

ただし、自宅建物を売った人が、売却時に2つ以上のマイホームを所有していたときは、売った人が主として住居に使用していたマイホームだけが3,000万円控除の対象になります。

③ **マイホームを取り壊した後にその土地を売った場合**

以下の3点を満たしているときは、マイホームを取り壊して更地にした土地を売った場合でも、3,000万円控除の適用を受けることができます。

・建物を取り壊した日から1年以内にその土地の売却契約を締結していること

・その建物に住まなくなった日から3年を経過した年の12月31日までに売却していること

・建物を取り壊した後、売却契約を締結した日まで、その土地を賃貸したり駐車場を経営するなど他の用途に使用していないこと

なお、取り壊したのが建物の一部であり、残った建物が人が住める状態になっている場合には、建物の一部を取り壊した後の土地の一部を売っても、3,000万円控除の適用は受けられません。

④ **災害によって自宅建物が消滅した場合**

災害によってマイホームが消滅した場合は、その建物の土地に住まなくなった日から3年を経過した年の12月31日までに土地を売却すれば、3,000万円控除の適用を受けることができます。

● 所有期間が10年を超えると軽減税率が適用される

所有期間が10年を超えて住んでいたマイホームを売った場合、その

土地・建物の譲渡所得には、通常の長期譲渡の税率よりも低い税率が適用されることがあります。この「マイホームを売ったときの軽減税率の特例」の適用を受けるためには、以下の5つの条件を満たさなければなりません。

① 日本国内にある自分が住んでいる建物を売るか、その自宅建物といっしょに建物が立っている土地を売ること

　ただし、現在では住んでおらず、以前に住んでいた土地や建物の場合は、住まなくなった日から3年目の12月31日までに売却しなければなりません。災害によって消滅した建物の場合も、その建物の土地に住まなくなった日から3年目の12月31日までに売却しなければなりません。

② 売却した年の1月1日時点の所有期間が、建物も土地も両方とも10年間を超えていること

　建物の売却の場合はその建物が、土地・建物の売却の場合は土地と建物の両方について所有期間が10年を超えていなければなりません。

③ 自宅建物を売った年の前年と前々年に、この「マイホームを売ったときの軽減税率の特例」の適用を受けていないこと

　自宅建物を売却した年の前年か前々年にこの特例の適用を受けている場合は、再度の特例の適用は認められません。

④ 売却した土地・建物について、「マイホームの買換えやマイホー

■ マイホームを売ったときの軽減税率（所有期間が10年超）……

譲渡所得金額	所得税（※）	住民税	合　計
6,000万円以下の部分	10%	4%	14%
6,000万円超の部分	15%	5%	20%

※復興特別所得税を含めた場合には、譲渡所得金額が6,000万円以下の部分は10.21%（住民税4%と合わせて計14.21%）6,000万円超の部分は15.315%（住民税5%と合わせて計20.315%）になる。

ムの交換の特例」などの他の特例の適用を受けていないこと

　ただし、「マイホームを譲渡した場合の3,000万円の特別控除の特例」とこの「マイホームを売ったときの軽減税率の特例」は、同時に適用を受けることができます。

⑤　売った側と買った側の関係が、親子や夫婦、内縁関係にある人、生計を一にしている親族、特殊な関係のある法人などの「特別な間柄」ではないこと

　売却先が子どもや配偶者その他の「特別な間柄」にある個人や法人の場合は、この特例は認められません。

　通常の長期譲渡の税率は、所得税が15％、住民税が5％で、合計で20％です。それに対して、「マイホームを売ったときの軽減税率の特例」では、譲渡所得が6,000万円までは所得税が10％、住民税が4％の合計14％であり、6,000万円を超えた部分については、通常の長期譲渡と同じく、所得税が15％、住民税が5％の合計20％になります。

　なお、平成25年から令和19年までは、所得税に2.1％を掛けた復興特別所得税がかかります。

● 具体例で計算してみる

　具体的な数字を挙げてみると、次のようになります。

　たとえば、購入代金にその他の費用を足し合わせた購入代金等合計額で、5,000万円で購入した土地・建物があるとします。何年か経過したために、購入してから現在までの減価償却費相当額が2,000万円になっていたいたします。そして、この土地・建物が1億4,000万円で売れたとします。その際、仲介手数料などの譲渡費用が1,000万円かかったとします。

　そうすると、取得費は、購入時の価格に追加費用を足し合わせた購入代金等合計額5,000万円から減価償却費相当額2,000万円を引いて、3,000万円になります。

譲渡所得は、売却価格１億4,000万円から、取得費3,000万円と譲渡費用1,000万円を引いた１億円になります。

　売却した土地・建物が事業用の財産だった場合、所有期間が５年以下の短期譲渡の場合であれば、税率が39%ですから3,900万円の税金がかかることになります（所得税3,000万円、住民税900万円）。所得税3,000万円に対し2.1%の復興特別所得税63万円が加算されると、合計3,963万円が課税されることになります。所有期間が５年超である長期譲渡の場合であれば、税率が20%ですから税金は2,000万円になります（所得税1,500万円、住民税500万円）。所得税1,500万円に対し復興特別所得税31万5,000円が加算されると、合計2,031万5,000円が課税されるという計算になります。

● 居住用の財産だった場合の計算例

　「マイホームを売ったときの軽減税率の特例」の適用について、今度は、売却した土地・建物が非事業用つまり居住用の財産だった例で考えてみましょう。しかも、自宅であり、マイホームだとします。

　この場合、短期譲渡でも長期譲渡でも3,000万円控除が適用されますから、税金がかかってくるのは、譲渡所得１億円から3,000万円の特別控除額を引いた7,000万円になります。

　所有期間が５年以下の短期譲渡の場合は、税率は39%ですから、税金の額は2,730万円（所得税2,100万円、住民税630万円）になります。復興特別所得税44万1,000円を加算して、合計2,774万1,000円の税負担となります。

　長期譲渡の場合、所有期間は５年超ということになります。しかし、所有期間が10年を超えると「マイホームを売ったときの軽減税率の特例」がありますから、所有期間が10年より長いか短いかで分ける必要があります。所有期間が５年超で10年以下の場合、税率は20%ですから、税金の額は1,400万円（所得税1,050万円、住民税350万円）になり

ます。復興特別所得税22万500円加算後は、1,422万500円の税負担となります。

　所有期間が10年超になると、譲渡所得から特別控除額を引いた7,000万円のうち、6,000万円までは14%の軽減税率が適用されますから840万円（所得税600万円、住民税240万円）、6,000万円超の1,000万円分については20%の税率が適用されますから200万円（所得税150万円、住民税50万円）、合わせて1,040万円の税金がかかることになります。所得税750万円に対する復興特別所得税15万7,500円を加算すると合計1,055万7,500円の税負担となります。

■ ケース別に見る建物の譲渡所得と所得税額 ･･････････････････････

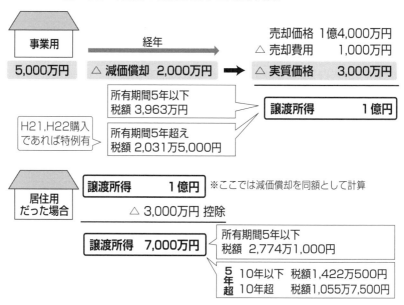

※　図中の税額の記載は復興特別所得税を加えた金額を記載。

共有不動産や店舗兼建物を売却する場合について知っておこう

3,000万円控除のしくみを具体例でつかむ

● 家屋と敷地の所有状況が問題になることもある

　マイホームを売却した場合、譲渡所得から3,000万円が特別に控除されます。しかし、マイホームの家屋（建物）や敷地（土地）が1人の人間の所有ではなく、複数人の共有財産だったり、家屋と敷地で所有者が異なっている場合、その3,000万円控除のしくみが複雑になります。ここでは、具体例を挙げて、3,000万円控除がどのように適用されるかを見ていきましょう。

● 土地と建物が共に共有の場合

　土地と建物の両方を夫婦が共有するのはよくあることでしょう。そのようなマイホームを売却すると、税金はどうなるでしょうか。

　計算を単純にするために、以下では「譲渡費用」と「減価償却費相当額」をゼロとみなします。購入時の価格が土地2,000万円、建物1,000万円の物件を夫婦の持分割合2分の1で購入したとしましょう。それが、土地が7,000万円、建物が2,000万円で売れたとします。全体としてみると、3,000万円の土地・建物が9,000万円で売れているわけですから、譲渡所得は6,000万円になります。そのうち、土地の分の譲渡所得は5,000万円、建物の分の譲渡所得は1,000万円です。

　この土地・建物を1人で所有していた場合、マイホームですから3,000万円の特別控除があります。税金がかかるのは、譲渡所得から特別控除額を引いた残りの3,000万円に対してです。ここで、実際には夫婦が土地・建物とも半分ずつ所有していたとします。その場合、マイホームの3,000万円控除の特例は夫婦の1人ひとりに適用されま

すので、夫も妻も3,000万円の特別控除額をもっていることになります。

　土地も建物も持ち分割合は2分の1ずつですから、全体の譲渡所得6,000万円に対して夫も妻も譲渡所得は3,000万円になります。それぞれ特別控除額が3,000万円ありますから、譲渡所得から特別控除額を引くと、2人とも0円になります。税金は一切かかりません。

● 建物だけが共有の場合

　今度は、建物だけが夫婦の共有財産で、土地は夫名義だったとしましょう。建物の持ち分割合は2分の1ずつだとします。

　この場合、夫は自分の土地と建物を売却したことになりますから、3,000万円控除は適用されます。妻も、自分の建物を売却したことになりますから、3,000万円控除は適用されます。夫の譲渡所得は、土地については100%ですから5,000万円、建物については2分の1ですから500万円、合わせて5,500万円です。妻の譲渡所得は建物の分だけで、500万円です。夫も妻も3,000万円の特別控除額がありますから、税金がかかってくる所得額は、夫が2,500万円、妻は0円です。

　次に、これが夫婦による共有ではなくて、二世帯住宅における親子の共有だったとしましょう。土地は親が100%所有しており、建物は親と子が5分の3、5分の2の持ち分割合で共有しているとします。

　この場合、夫婦間の共有との根本的な違いは、親世帯と子世帯で生計が別になっていることです。そうすると、子にとっては自分の建物を売却したことになるわけですから、3,000万円控除は適用できます。

　他方、親も自分の土地と建物を売却しているわけですから、3,000万円控除の対象にはなります。しかし、親にとって自宅用として使用している土地は、建物の持ち分割合と等しい、全体の5分の3だけです。その分だけが3,000万円控除の対象になります。残りの5分の2は、別世帯である子世帯に提供している土地であり、自宅ではないわけですから、3,000万円控除の適用対象にはなりません。

このケースでは、子の譲渡所得は建物の分の5分の2だけで、400万円です。3,000万円控除で、税金はかからなくなります。

親は、建物の譲渡所得が全体の5分の3で600万円、土地のうち自宅に対応する部分の譲渡所得がやはり全体の5分の3で3,000万円、土地のうちの子世帯に提供している部分の譲渡所得が全体の5分の2で2,000万円になります。親は、自宅相当の部分の合計3,600万円の譲渡所得に対して3,000万円控除が適用され、残りの600万円分に税金がかかってきます。土地のうち子世帯に提供している部分の2,000万円の譲渡所得にも税金がかかりますから、合算して2,600万円分に対して税金がかかってくることになります。

● 土地だけが共有の場合

土地は夫婦で2分の1ずつの持ち分割合で共有していて、建物は100%夫名義だとします。この場合、夫は自宅の土地と建物を売却

■ 建物共有の場合の譲渡所得と特例控除の適用 ····················

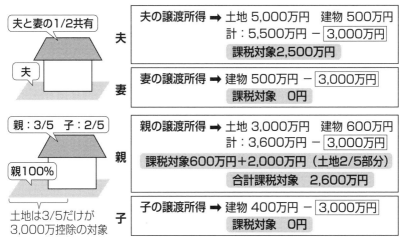

土地の譲渡益 5,000万円　　建物の譲渡益 1,000万円

夫と妻の1/2共有
夫

夫の譲渡所得 ➡ 土地 5,000万円　建物 500万円
計：5,500万円 − 3,000万円
課税対象2,500万円

妻

妻の譲渡所得 ➡ 建物 500万円 − 3,000万円
課税対象 0円

親：3/5　子：2/5
親100%
親

親の譲渡所得 ➡ 土地 3,000万円　建物 600万円
計：3,600万円 − 3,000万円
課税対象600万円＋2,000万円（土地2/5部分）
合計課税対象 2,600万円

土地は3/5だけが
3,000万控除の対象
子

子の譲渡所得 ➡ 建物 400万円 − 3,000万円
課税対象 0円

することになるわけですから、3,000万円控除の適用対象になります。しかし、妻は自分の土地を売るだけで、自宅の建物は売却していませんから、3,000万円控除の適用対象になりません。

夫は建物の譲渡所得が1,000万円、土地の譲渡所得が全体の2分の1で2,500万円となり、合計で3,500万円になります。そこから3,000万円控除が引かれ、残りの500万円に税金がかかってきます。

妻の場合は、土地の譲渡所得が全体の2分の1で2,500万円であり、その全額に税金がかかってくることになります。

● 建物と土地の所有者が異なる場合

今度は夫が建物を100%所有し、妻が土地を100%所有しているとしましょう。夫は自宅の建物を売却するわけですから、3,000万円控除の適用対象になります。建物の分の譲渡所得1,000万円は、3,000万円控除で税金はかからなくなります。

妻の方は自宅の土地を売却しただけで、建物は売却していませんから、本来は3,000万円控除は適用されません。

しかし、土地の所有者と建物の所有者が異なるときでも、①土地と建物を同時に売却すること、②土地の所有者と建物の所有者が親族関係にあり、生計を一にしていること、③土地の所有者は建物の所有者といっしょにその建物に住んでいること、という3つの条件を満たす場合は、土地の所有者も3,000万円控除の適用対象になります。

ただし、その場合、特別控除額は建物の所有者と土地の所有者を合わせて3,000万円までです。先に建物の所有者が控除を受けて、3,000万円からその額を引いた残りを土地の所有者が控除を受けることになります。この例では、夫が受けた控除は1,000万円だけですから、3,000万円の控除枠のうち残りの2,000万円分の控除を妻が受けられることになります。妻は土地の分の譲渡所得5,000万円に対して2,000万円の特別控除を受け、残り3,000万円に税金がかかります。

● 店舗兼建物の売却と特例の適用

　店舗兼建物の場合、そのうちの一定割合を住居部分としての自宅、残りを事業用不動産である店舗とみなし、別々に税額を計算します。

　なお、住居部分が店舗兼建物全体の90%以上の場合は、その店舗兼建物の100%を住居部分として使用しているとみなして、3,000万円控除を受けることができます。

　今、店舗兼建物の70%が自宅、30%が店舗だとすると、自宅部分の譲渡所得は全体の10分の7で4,200万円、店舗部分の譲渡所得は全体の10分の3で1,800万円です。自宅部分には3,000万円控除が適用され、

■ 土地共有の場合の譲渡所得と特別控除の適用 ···················

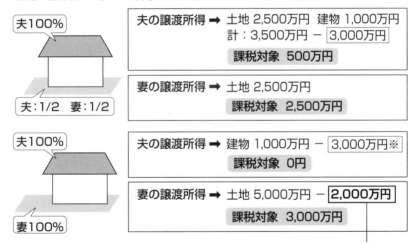

土地の譲渡益 5,000万円　　建物の譲渡益 1,000万円

夫100%

夫：1/2　妻：1/2

夫の譲渡所得 ➡ 土地 2,500万円　建物 1,000万円
計：3,500万円 － 3,000万円
課税対象 500万円

妻の譲渡所得 ➡ 土地 2,500万円
課税対象 2,500万円

夫100%

妻100%

夫の譲渡所得 ➡ 建物 1,000万円 － 3,000万円※
課税対象 0円

妻の譲渡所得 ➡ 土地 5,000万円 － 2,000万円
課税対象 3,000万円

※夫の控除枠の残り
（3,000万円－1,000万円）

土地・建物の所有者が異なる場合でも…
①土地と建物を同時に売却すること
②土地の所有者と建物の所有者が親族関係にあり、生計を一にしていること
③土地の所有者は建物の所有者といっしょにその建物に住んでいること

➡ 土地と建物の所有者
合わせて控除枠
3,000万円までOK

残りの1,200万円に税金がかかります。所有期間が5年超の長期譲渡で税率が20%ですから240万円（所得税180万円、住民税60万円）に復興特別所得税3万7,800円加算して合計243万7,800円、所有期間が10年超の場合は14%の軽減税率が適用され、自宅部分の税金は168万円（所得税120万円、住民税48万円）に復興特別所得税2万5,200円を加算して合計170万5,200円になります。

　他方、店舗部分は、3,000万円控除はありませんから、譲渡所得の1,800万円全額に税金がかかってきます。しかも、自宅ではありませんから、所有期間が10年超の場合でも軽減税率は適用されません。長期譲渡だとして、店舗部分に譲渡所得の20%である360万円（所得税270万円、住民税90万円）に復興特別所得税5万6,700円を加算して合計365万6,700円の税金がかかります。

　自宅部分と店舗部分を合わせて、536万1,900円の税金がかかることになります。なお、復興特別所得税は、平成25年から平成49年（令和19年）までの所得税額に対して2.1%を掛けた金額が課税されます。

■ 店舗兼建物の場合の譲渡所得と特例の適用 ……………………

土地の譲渡益　6,000万円　　建物の譲渡益　1,000万円

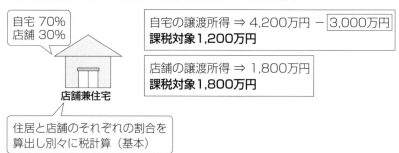

自宅 70%
店舗 30%

店舗兼住宅

自宅の譲渡所得 ⇒ 4,200万円 − 3,000万円
課税対象1,200万円

店舗の譲渡所得 ⇒ 1,800万円
課税対象1,800万円

住居と店舗のそれぞれの割合を
算出し別々に税計算（基本）

 住居部分が全体の90%以上の場合は、建物の100%を住居部分として使用しているとみなして3,000万円の控除を受けることができる

マイホームの買換え特例に ついて知っておこう

自宅を買い換えたとき、税金の支払いを繰り延べる制度がある

● マイホームの買換え特例とは

　購入した時の価格よりも高い価格で自宅を売却した場合、購入価格と売却価格の差である売却益には税金が課せられます。この売却益に対する税金の支払いを、買い換えた自宅を将来売却する時まで繰り延べる特例が、マイホームの買換え特例です。

　たとえば3,000万円で購入した自宅を4,000万円で売却し、新たに5,000万円の自宅を購入したとします。4,000万円－3,000万円＝1,000万円の売却益が生じたことになり、本来は課税の対象となります。この課税を将来に繰り延べる制度がマイホームの買換え特例です。この特例の適用を受けたことによって繰り延べられた税金は、買換えで新たに購入した5,000万円の自宅を将来売却するときに合わせて支払うことになります。

　この特例は、令和2年度税制改正により、令和3年12月31日まで期限が延長されています。

● 特例の適用を受けるための要件

　マイホームの買換え特例を利用するには、売却した自宅、新しく購入した自宅それぞれが一定の要件を満たしている必要があります。

・売却した自宅についての要件

① 　自分が住んでいた家屋や、家屋と共に敷地・借地権を売却すること。以前に住んでいたものである場合には、住まなくなってから3年を経過する年の12月31日までに売却すること。適用期限の令和3年12月31日までに売却すること。

② 売却した人の居住期間が10年以上であり、売却した年の１月１日において売った家屋や土地の所有期間が共に10年を超えていること。

③ 売却価格が１億円以下であること（売却する自宅と一体として利用していた部分を別途に分割して売却していた場合、その自宅を売却した年の前々年から翌々年までの５年間に売却した部分も含めて１億円以下であることが必要）。

・買い換えた自宅についての要件

① 床面積50㎡以上、敷地面積500㎡以下であること。

② 買換えで自宅を売却した年の前年の１月１日から翌年12月31日までの３年間に新しい自宅を購入していること。

③ 買換えで購入した新しい自宅に一定の期限までに住むこと。

　　・新しい自宅の購入がそれまでの自宅を売却した年かその前年である場合には、それまでの自宅を売却した年の翌年12月31日まで

　　・新しい自宅の購入がそれまでの自宅を売却した年の翌年である場合には、新しい自宅を購入した年の翌年12月31日まで

④ 中古住宅である場合は、取得日以前25年以内に建築されたものであること。

　　以下の場合には、建築年数の制限はありません。

　　・耐火建築物の中古住宅のうち、一定の耐震基準を満たすもの

　　・耐火建築物以外の中古住宅のうち、取得期限までに一定の耐震基準を満たすもの

　　自宅を売却した年の前年・前々年に以下の特例の適用を受けている場合、マイホームの買換え特例の適用を受けることはできません。

・自宅を譲渡した場合の3,000万円の特別控除の特例

・自宅を売却した場合の軽減税率の特例

・自宅の譲渡損失についての損益通算・繰越控除の特例

　　また、親子や夫婦などの特別な関係にある人の間での売買も、買換え特例の適用を受けることはできません。生計を共にしている親族や

内縁関係にある人、特殊な関係にある法人も同様に、買換え特例の適用対象から除外されます。

　この特例を受けるためには、確定申告をする必要があります。確定申告をする際には以下の書類を添付します。

ⓐ　譲渡所得の内訳書

ⓑ　売却した自宅の所有期間が10年を超えることを証明する、売却した資産についての登記事項証明書等

ⓒ　買換えによって資産を取得したこととその面積を証明する、購入した資産についての登記事項証明書や売買契約書の写し等

ⓓ　売却した自宅に10年以上居住していたことを証明する、売却した自宅の所在地を管轄する市区町村から交付された住民票の写しや戸籍の附表の写し等

ⓔ　購入した自宅の所在地を管轄する市区町村から交付された住民票の写し

ⓕ　売買契約書の写しなど、売却代金が1億円以下であることを証明するもの

ⓖ　購入した自宅が中古住宅である場合は取得日以前25年以内に建築されたことを証明するもの、あるいは耐震基準適合証明書等

買換え特例を使う場合の注意点

　買換えのため、それまで自宅として使用していた住宅を売却したことによって利益が得られた場合に、その利益に対する課税を先延ばしにするのがマイホームの買換え特例です。税金の支払いを待ってもらっているだけで、減免の措置を受けているわけではないことに注意する必要があります。

　つまり、この特例の適用を受けて買い換えた自宅を再度買い換えるようなケースでは、支払うべき税額が増えることになります。売却益は「売却価格−購入価格」で計算されますが、買換え特例を使ってい

ると購入価格が低く抑えられてしまうからです。

　前述した3,000万円で購入した自宅を4,000万円で売却し、5,000万円の住宅を購入した人が、その住宅を7,000万円で売却する場合を考えてみましょう。

　売却益は「売却価格−購入価格」で計算されます。しかし、マイホームの買換え特例を使っている場合、「7,000万円−5,000万円＝2,000万円」が売却益とはなりません。以前に行った住宅の買換えで生じた利益を繰り延べているためです。4,000万円−3,000万円＝1,000万円という利益を加えた金額が、売却益となります。つまり2,000万円＋1,000万円＝3,000万円に対して、課税されることになります。

　特定のマイホームの買換え特例は、マイホームを譲渡した場合に適用を受けることができる他の特例と重複して使うことはできません。どの特例の適用を受けるかによって課税額や大きく変わってくるので、注意する必要があります。

■ ケースで見る買換え特例を使う場合の売却益となる金額 ……

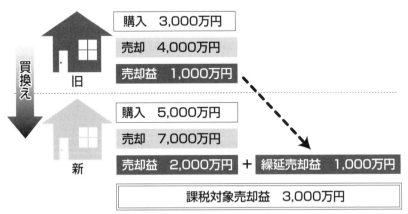

事業用資産の買換え特例について知っておこう

事業を営む個人が事業用資産の買換えを行った場合が対象となる

● 事業用資産とは

　事業のために使われる土地や建物などのことを**事業用資産**といいます。アパートやマンションの賃貸業を営むための不動産も、この事業用資産に該当します。ただし、ある程度の規模があること、そして事業に用いられていることが事業用資産と認められるための条件です。不動産の貸付などで、事業といえるような規模ではないが、代金を受け取って継続的に行われているようなものについては、この事業に準ずるものとして含まれます。

　なお、後述する事業用資産の買換え特例の適用を受けるために一時的に使用した資産、たまたま運動場や駐車場として利用していた空き地などは、事業用資産として認められません。

● 事業用資産の買換え特例とはどんな特例か

　事業用資産の買換え特例とは、譲渡益に対する課税を将来に繰り延べる制度です。事業を営む個人が事業用資産の買換えを行った場合が対象となります。具体的には、譲渡資産の譲渡価額と買換え資産の取得価額との関係に応じて以下のように譲渡所得を計算します。

① 「譲渡資産の譲渡価額 ≦ 買換え資産の取得価額」の場合

　譲渡所得＝譲渡資産の譲渡価額×0.2－取得費等×0.2

② 「譲渡資産の譲渡価額 ＞ 買換え資産の取得価額」の場合

　譲渡所得＝譲渡資産の譲渡価額（A）－買換え資産の取得価額（B）

$$\times\ 0.8\ -\ 取得費等\ \times\ \frac{A - B \times 0.8}{A}$$

事業用資産の買換え特例の適用を受けるためには、下図の要件をすべて満たしている必要があります。図中における②の「一定の組み合わせ」の代表的な例としては、東京23区内など既成市街地等の区域内にある一定の建物や、土地等から区域外にある一定の資産へ買い換える場合などがあります。③の「取得した土地等の面積が原則として売却した土地等の面積の５倍以内」に該当しない場合、５倍を超える部分については特例は適用されません。また、⑤の要件である「新しい資産を購入後、１年以内に事業として使用を開始」した場合であっても、購入後１年以内に事業に使用しなくなった場合は特例を受けられないことに注意が必要です。⑥の「所有期間が５年を超えていること」という要件については、令和５年３月31日までにした土地等の譲渡については、この要件は停止となっています。

　この特例を受けようとする場合には、重ねて他の特例を適用することはできません。買い換える資産については、贈与や交換、所有権移転外リース取引によるものや代物弁済によるものではないことも条件になっています。

■ 事業用資産の買換え特例の適用を受けるための要件 …………

① 売却する資産、買い換える資産が共に事業用であること
② 売却する資産、買い換える資産が一定の組み合わせに当てはまるものであること
③ 買換え資産が土地等である場合には、取得した土地等の面積が原則として売却した土地等の面積の５倍以内であること
④ 資産を売却した年の前年・その年・翌年のいずれかに新しい資産を購入すること
⑤ 新しい資産を購入後、１年以内に事業として使用を開始すること
⑥ 土地等の売却の場合、売却した年の１月１日において所有期間が５年を超えていること（令和５年３月までに行った土地の譲渡については、この要件は停止）

⑬ その他の特例について知っておこう

その他にも特例があり、固定資産の交換では取得費用の問題も起こり得る

● 立体買換えの特例（等価交換）とは

　所有している土地を提供し、その土地に建築されたマンションなど建物の一部の提供を受けることを**立体買換え**といいます。土地とその土地の価値に相当する建物の一部を交換することから**等価交換**とも呼ばれます。土地の代わりに提供されるものには、持分に相当する敷地利用権も含まれます。等価交換では土地と建物の一部を交換するだけなので、お金のやりとりは行われません。そのため、新たな資金を用意することなく土地を有効活用することができます。

　また、土地は何も建っていない状態で所有していると相続税評価額が高くなります。時価が同じであれば、土地よりも建物のほうが相続税評価額は低く計算され、相続税対策になります。土地との交換で提供された建物の一部は自由に使うことができます。自分で住む以外にも、事業所として利用する、賃貸物件として他人に貸し出すなど、

■ 立体買換えの特例 ··

- ・土地よりも相続税評価額は低くなる
- ・交換後の建物の用途は自由（居住用・事務所用・賃貸用など）

様々な使い方ができます。売買ではなく交換であることから譲渡所得は発生しませんが、例外的に一部を現金で精算した場合、その部分だけは課税の対象となります。交換により取得した資産を譲渡する際の取得費としては、交換前の土地の取得にかかった費用が引き継がれるので注意が必要です。

立体買換えの特例には複数の種類がありますが、利用しやすいものとしては「既成市街地にある土地の中高層耐火共同住宅建設のための買換え特例」が挙げられます。

◉ 固定資産の交換の特例とは

所有している土地や建物などを同程度の価値のものと交換した場合に、一定の要件を満たしたものについては課税をしない、という制度が**固定資産の交換の特例**です。この特例を受けるための条件は以下のとおりです。

① **固定資産の交換であること**

たとえば不動産会社が販売のために所有している土地は棚卸資産になるため、特例の適用対象となりません。

② **同じ種類の資産の交換であること**

土地と土地、建物と建物といったように同じ種類の資産を交換することが必要です。

③ **１年以上所有していたものの交換であること**

交換するために取得した資産でないことが必要です。

④ **交換後、同じ目的で交換した資産を使用すること**

土地は宅地・田畑・鉱泉地など、建物は居住用・店舗または事務所用・工場用・倉庫用・その他用に分類されます。この区分に沿った使い方が交換後もされることが必要です。

⑤ **時価の差が高い方の時価の20％以内であること**

時価の算定は通常不動産鑑定士によって行われますが、実際には資

産の交換を行う双方が納得すれば等価として認められます。

交換する資産の価値が問題になることもある

　明らかに価値が異なる資産の交換の場合、価値の低い資産を提供しようとする側が不足している価値分を現金（**交換差金**と呼ばれます）で支払うことで交換を成立させることがあります。

　この交換差金は所得税の対象となり、交換差金を受け取る側に課税されます。課税対象となるのは交換差金として受け取った金額すべてではなく、交換によって取得した資産との合計額に対しての交換差金が占める割合部分のみになります。

その他にもこんな特例がある

　資産譲渡についての課税には、その他にも特別控除の特例が設けられています（92ページ）。

① 　土地や建物を公共事業のために売った場合の5,000万円特別控除
② 　特定土地区画整理のために土地を売った場合の2,000万円特別控除
③ 　特定住宅地造成事業などのために土地を売った場合の1,500万円特別控除
④ 　農地保有の合理化などのために土地を売った場合の800万円の特別控除

　①の特例は、収用等によって得た所得についての特例です。道路の新設や拡張のために国や自治体に土地を提供することを収用といい、この収用によって得た利益も所得であり、課税対象に含められます。しかし、①～④いずれも公共のためにやむを得ずに土地や建物を手放すことに対して多くの課税をすることは問題があるため、特別控除が認められています。

14 譲渡損失が出た場合にはどうなるのか

自宅売却によって生じた損益は、他の所得との通算が認められる場合がある

● 住宅の売却金額はそれほど大きくならない

　土地や建物などの不動産を売却したときに得られる利益は譲渡所得と呼ばれ、次の計算式で計算されます。

　譲渡所得＝売却価格－（取得費＋譲渡費用）

　売却価格が取得費と譲渡費用を合わせた金額を下回った場合には、譲渡損失が生じます。建物は新築や購入したその時点が一番価値が高く、時間の経過と共にどんどん下落していきます。したがって、中古となってしまった建物の売却価格は大きなものとはならないのが通常です。

　一方、土地は中古という概念があてはまらないので、時間の経過で価値が下がるわけではありません。

● 譲渡損失と損益通算

　24 ～ 26ページで説明したように、10種類の所得に対して所得税が課せられます。一方で損失があるときに所得と損失の通算が認められる場合があります。たとえば100万円の所得と50万円の損失がある場合、通算の対象とならないときは100万円に対して課税されますが、通算をすることができるときは「100万円－50万円＝50万円」に対する課税ですみます。このような所得と損失の通算は、基本的に同じ種類の所得内で行われます。不動産を売買したことで生じた損失は同じく不動産の売買で獲得した利益から、株式を売買したことで生じた損失は同じく株式の売買で獲得した利益から、それぞれ控除します。このことは**内部通算**と呼ばれます。そして、32ページのとおり事業所得・不動産所得・山林所得・譲渡所得の間では一定の順序で損益通算

を行うことが認められています。しかし、不動産所得のうち次のものについては損益通算することが認められていません。

① 別荘など、生活に必要でない資産の貸付けに関するもの

② 土地などを取得することを目的にした負債の利子

③ 一定の組合契約に基づいて営まれる事業から生じたもので、その組合の特定組合員に関するもの

また、事業用の不動産等を譲渡したことによって生じた損失は分離課税であるため、他の所得との損益通算は認められていません。

◉ 損益通算ができる場合

自身が居住するために所有していた住宅を処分することで生じた損失については、他の所得と損益通算を認めるものとして、以下の2つの制度が設けられています。いずれも、現時点では、令和3年12月31日までに売却した場合の特例とされています。

① 特定のマイホームの譲渡損失の損益通算制度

償還期間が10年以上の住宅ローンが残っている自宅を住宅ローン残高より低い価格で売却した場合に生じた損失と、他の所得との損益通算を認める制度です。自宅売却の売買契約日の前日における住宅ローン残高から売却価額を差し引いた金額が、損益通算の限度額となります。

② マイホームの買換え等の場合の譲渡損失の損益通算制度

新しい住宅に買い換えるために、それまでの住宅を売却した人が対象です。住宅の買換えについては、償還期間が10年以上の住宅ローンを利用することが要件になります。処分する住宅は5年を超えて所有していたものに限られます。

◉ 特定のマイホームの譲渡損失の繰越控除制度とは

他の所得と損益通算を行ってもまだ控除しきれない損失が残る場合は、譲渡の年の翌年以降3年にわたり繰り越して控除することができ

ます。これが**特定のマイホームの譲渡損失の繰越控除制度**です。適用を受けるためには以下の要件を満たしている必要があります。

① 自分が現在住んでいるか、住まなくなった日から３年目の12月31日までの住宅の譲渡であること

② 譲渡した年の１月１日において、所有期間が５年を超えていること

③ 譲渡したマイホームの売買契約日の前日において、10年以上の住宅ローンの残高があること

④ 譲渡金額が住宅ローン残高を下回っていること

ただし、これらの要件に当てはまっていても以下の場合には制度の適用対象から除外されます。

① その年の所得金額が3,000万円を超える場合

② 親子や夫婦、生計を一にする親族、内縁関係にある人、特殊な関係にある法人などに対する譲渡の場合

③ 譲渡の前年以前３年間に、特定のマイホームの譲渡損失の損益通算の特例の適用を受けている場合

④ 譲渡の前年以前３年間に、マイホームの買換え等の場合の譲渡損失の損益通算・繰越控除制度の適用を受けている場合

なお、①について、所得金額が3,000万円を超える年と超えない年がある場合、3,000万円を超えない年については、特例の適用を受けることができます。

● マイホームの買換え等の場合の譲渡損失の繰越控除制度とは

新しく買い換えるための住宅の売却により生じた損失を、その年とその年以降３年間にわたり繰り越すことを認めたものが、**マイホームの買換えの場合の譲渡損失の繰越控除制度**です。適用を受けるための要件は以下のとおりです。

・**譲渡資産**について

所有期間が５年を超える居住用住宅とその敷地で、次のいずれかに

該当するものです。

ⓐ 現在、居住していること

ⓑ 居住しなくなってから３年目の12月31日までに売却されること

　なお、「居住用住宅」について災害によって住宅を失ったというようなケースでは、住宅を失わなかったならば条件を満たしていると認められるときに限り、敷地のみで特例の適用を受けることが可能です。

・買換資産について

ⓐ 床面積50㎡以上の居住用住宅と敷地であること

ⓑ 前の住宅を譲渡した年の前年１月１日から譲渡した年の翌年12月31日までに取得していること

ⓒ 取得した年の翌年の12月31日までに居住するか、居住見込みであること

ⓓ 償還期間10年以上の住宅ローンを利用していること

ⓔ その年の所得金額が3,000万円を超えないこと

　なお、所得金額が3,000万円を超える年以外の年については、繰越控除の適用を受けることができます。

■ 個人の土地建物譲渡損失についての特例 ……………………

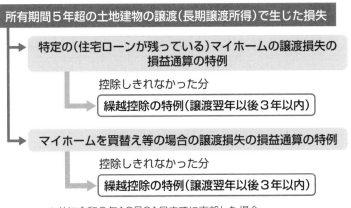

※共に令和３年12月31日までに売却した場合

15 住宅ローン控除について知っておこう

最大で13年間にわたり、毎年40万円程度の税金が戻ってくる

● 住宅ローン控除とは

　住宅ローン控除とは、住宅ローンの残額に応じて、所得税、住民税を控除する制度で、住宅取得を促進するための制度です。具体的には、令和3年度税制改正により令和4年12月までに入居した場合に10年間、住宅ローンの年末の残額（4,000万円を限度）の1％が所得税額から控除されます。ただし、新築の場合は令和3年9月まで、それ以外は令和3年11月までに住宅取得に関する契約をした場合には、特別特定取得として所得税額の控除期間が10年ではなく、13年まで延長されます。

　さらに、この制度は住宅のリフォームなどにも利用することができます。控除を受けるには、住宅、年収、ローンについて様々な条件を満たす必要があります。

　住宅については、①床面積が50㎡以上であること、②中古住宅は築後20年以内（マンションなどの場合は25年以内）であること、または一定の要件を満たした耐震住宅であること、③増改築した場合には工事費用が100万円を超えており、その半分以上が居住用部分の工事であること、④店舗併用住宅の場合には床面積の半分以上が居住用になっていること、⑤住宅の取得のために、10年以上にわたり分割して返済する借入金があること、⑥住宅ローン控除を受ける年の合計所得金額が3,000万円以下であることなどが条件となっています。たとえば、令和4年12月までに入居した人のケースでは、最大で13年にわたって毎年40万円の住宅ローン控除を利用することができます。つまり、仮に適用期間が10年間で、年末のローン残高が4,000万円以上あったとすると、合計で520万円の税額控除を受けることができます。

さらに、所得税から控除しきれない金額がある場合は、翌年分の個人住民税額から税額控除できます。

　なお、贈与された住宅や、生計を一にする親族から取得した住宅等については、住宅ローン控除を適用することができません。

　住宅ローン控除を受けるにあたり、控除を適用する最初の年と2年目以降では手続きが変わります。住宅ローン控除を受ける最初の年は、確定申告書に（特定増改築等）住宅借入金等特別控除額の計算明細書、売買契約書の写し、住民票の写し、家屋の登記事項証明書、借入金の年末残高等証明書などの多くの書類を添付する必要があります。適用2年目以降は、確定申告書に（特定増改築等）住宅借入金等特別控除額の計算明細書と借入金の年末残高等証明書を添付するのみとなります。

　適用2年目以降の給与所得者は、年末調整のための（特定増改築等）住宅借入金等特別控除証明書、給与所得者の（特定増改築等）住宅借入金等特別控除申告書、借入金の年末残高等証明書を勤務先に提

■ 住宅ローン減税制度の概要 ....

※適用居住年は令和4年12月末まで **控除期間は10年間** （新築の場合は令和3年9月まで、それ以外は令和3年11月までに契約し、令和4年12月末までに入居した場合には13年間）	適用居住年は 令和4年12月末 まで **控除期間5年間**	適用居住年は 令和4年12月末 まで **控除期間5年間**
一般	認定住宅	バリアフリー改修	省エネ改修
控除率 1% （最高40万円 ※各年）	控除率 1% （最高50万円 ※各年）	控除率 1.0%〜1.2% （最高5〜12.5万円 ※各年）	控除率 1.0%〜1.2% （最高5〜12.5万円 ※各年）

税額控除
（ローン残高×控除率）→

※最大控除額や借入限度額については、規定あり

出すれば、年末調整によって住宅ローン控除を受けることができます。

さらに控除額が拡大できる場合がある

　事前に都道府県あるいは市区町村へ建築の計画を提出し認定を受けた「認定長期優良住宅（200年住宅）」または「認定低炭素住宅（認定省エネ住宅。複層ガラスや一定の厚さ以上の断熱材、太陽光発電パネルが設置されているなど、省エネ性能を高めた住宅）」に令和4年12月までに入居した場合は、最大控除額が拡大されています。毎年50万円（10年間で合計500万円）まで税額控除することができ、さらにメリットが大きいといえるでしょう。また、新築の場合は令和3年9月まで、それ以外は令和3年11月までに契約し、令和4年12月までに入居し、特別特定取得に該当する場合には控除期間が13年間に延長されます。この他にも、ローンを利用して省エネ改修工事をした場合やバリアフリー改修工事をした場合も、一定要件を満たせば控除の対象になります。いずれも令和4年12月までに入居した場合は、毎年最大5万円（5年間で合計25万円）までの範囲で年末借入金残高の2％が控除されます。

　なお、バリアフリー改修、省エネ改修に該当しない増改築についても年末借入金残高の1％のローン控除が認められ、上記と合わせて毎

■ 住宅ローン控除のしくみ ……………………………………………

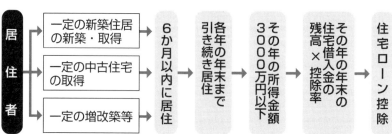

年最大12.5万円（５年間で合計62.5万円）まで控除できます。

● どんな手続きが必要なのか

　住宅ローン控除を受けるには、確定申告をする必要があります。会社勤務の人の場合も、少なくとも初年度については、確定申告をする必要があります。申告は、入居した翌年の確定申告期間（２月16日〜３月15日）の間に行わなければなりません。

　申告時に必要な書類は、自分であらかじめ用意しておくものとして、売買契約書、土地・建物の登記事項証明書、住民票、源泉徴収票、住宅ローンの年末残高証明書などがあります。その他、税務署にある書

■ 住宅ローン控除の条件 ………………………………………………………

	注意点
ローン	・返済期間が10年以上のローンであること ・自分が住むための住宅の購入や新築であること ・工事費100万円以上の大規模な修繕・増改築、マンションのリフォームであること
入居者	・住宅を取得してから６か月の間に入居していること ・入居した年の前後２年間に3,000万円の特別控除の特例や特定の居住用財産の買換え特例を受けていないこと ・その年の合計所得金額が3,000万円以下であること
住宅	・登記簿上の床面積が50㎡以上であること ・中古住宅の場合、築20年（マンションなどの耐火建築物については築25年）以内の建物、または一定の耐震基準を満たす建物であること
必要書類	・売買契約書や請負契約書 ・土地や建物の登記事項証明書 ・住民票 ・源泉徴収票 ・ローンの年末残高証明書 ・確定申告書 ・住宅借入金等特別控除額の計算明細書

類として、確定申告書と住宅借入金等特別控除額の計算明細書などがあります。これらの書類は申告前に入手し、必要事項を記入しておきましょう。

　これらの書類がすべてそろったら、税務署に申告に行きます。現在では、国税庁のホームページを通じて、インターネットで確定申告書の作成や提出をすることもできます。

● 住民税からも住宅ローンが一部控除される

　住宅ローン控除は、住民税も控除の対象になります。ローンの控除額が所得税を上回ってしまった場合です。この場合、所得税では控除できなかった部分が翌年分の住民税から控除されます。

　ただし、住民税の控除にも上限が設けられています。前年分の所得税の課税所得×7％までで、最大13万6,500円までとなっています。

　なお、平成26年4月から令和4年12月までに居住した場合は、この上限額が適用されます。

● 認定低炭素住宅についての軽減措置とはどのようなものか

　複層ガラスや一定の厚さ以上の断熱材、太陽光発電パネルが設置されているなど、省エネ性能を高めた住宅が認定低炭素住宅です。令和4年12月まで認定長期優良住宅同様、住宅ローン控除における認定住宅として毎年50万円（10年間で合計500万円）まで税金から控除できるという特例の対象になっています。認定長期優良住宅と同じように都道府県知事または市区町村長の認定を受ける必要があります。

● 省エネ改修促進税制とはどのようなものか

　自身が所有・居住する住宅について一定以上の省エネ改修工事を行った際、所得税額の軽減措置を受けることができます。窓や床、天井などの断熱工事と、これらの工事といっしょに行われる太陽光発電

装置設備の取り付けなどが対象になります。バリアフリー改修工事と同じようにローンを使用して改修工事を行った場合のみが対象となる「特定増改築等住宅借入金等特別控除」と、ローンを使用していなくても適用を受けることができる「住宅特定改修特別税額控除」がありますが、重複して適用を受けることはできません。

　特定増改築等住宅借入金等特別控除は、ローン残高1,000万円を限度とし、所得税額から5年間で最高62万5,000円（各年の最高は12万5,000円）の控除を認める制度です。住宅特定改修特別税額控除は、省エネ改修工事にかかった費用（最高250万円、太陽光発電工事が含まれる場合は350万円）の10％を所得税額から控除する制度です。

　また、それぞれの制度は、令和3年12月31日までの省エネ改修工事に適用されます。

● バリアフリー改修促進税制とはどのようなものか

　自身が所有・居住する住宅について一定以上のバリアフリー改修工事を行った際、所得税額の軽減措置を受けることができます。ローンを使用して改修工事を行った場合のみが対象となる「特定増改築等住宅借入金等特別控除」と、ローンを使用していなくても適用を受けることができる「住宅特定改修特別税額控除」がありますが、重複して適用を受けることはできません。またこれらの適用を受けることができるのは、次のいずれかに該当する人に限られます。

① 50歳以上の者
② 介護保険法に規定する要介護又は要支援の認定を受けている者
③ 所得税法上の障害者である者
④ 高齢者等（65歳以上の親族・②あるいは③に該当する親族）と同居している者

　なお、省エネ改修工事と同じく、バリアフリー改修工事についての控除も令和3年12月31日まで適用されます。

16 税務署による調査について 知っておこう

いい加減に対応すると贈与税が課税されるおそれもある

● どのような目的で調査をしているのか

マイホームの購入資金の調達先が親からの贈与であった場合、非課税の特例があるとはいえ、贈与税の対象になるのが原則です。そこで、税務署は、主に贈与税の把握のために、マイホームを取得した人の中から何人かを抽出して、**購入した資産についてのお尋ね**という書類を送付しています。

書類は、物件の概要から始まって、取得するための資金の内訳や支払い先、資金の調達方法まで、マイホームの取得資金に関するお金の出入りについて、非常に細かいことを聞いてきます。

たとえば、購入資金を夫婦の貯金から出した場合、そのお金をいつ、どこの銀行から、いくらおろしたかまで正確に記入しなければなりません。拠出したお金の割合どおりに持ち分が登記されていなければ、そのお金は贈与されたものとみなされ、課税対象になってしまいます。

また、ローンや借金についても、借入期間や利息を細かく書くように要求されます。親から「あるとき払いの催促なし」のような形で借金をして購入した場合でも、きちんと借用書を書いて、借入期間や利息を明記しておかないと、これも贈与とみなされてしまいます。

● 夫婦共有名義の場合の持分の計算

夫婦が共有する形で住宅の持分を登記する際、気をつけなければならないことは、実際の購入資金の負担分どおりに登記するということです。

持分の計算は、物件の取得費用の全額を分母にし、夫と妻が負担し

た金額を分子にしてそれぞれ計算します。相続時精算課税制度などの特例措置を利用する場合、妻の両親からの贈与は、妻の持ち分に入れて計算し、登記に反映させることを忘れないようにしましょう。

● 住宅ローン減税や住宅資金贈与の特例を受ける条件について

　住宅ローンや住宅資金贈与の特例を受ける重要な要件に住宅の面積があります。床面積が50㎡以上なければ、これらの減税や贈与の特例は受けられません。

　注意しなければならないのは、「床面積には2種類ある」ということです。建築基準法の床面積と不動産登記法の床面積です。この2つの床面積は、計測の仕方が違います。そのため、数値も違います。具体的には、建築基準法の床面積のほうが、不動産登記法の床面積よりも広くなります。一方、減税や特例を受けるための基準になるのは、不動産登記法の床面積です。したがって、建築基準法で床面積50㎡の住宅では、減税や特例を受けられないおそれがでてきてしまうのです。

■「お尋ね」に対する対策 ……………………………………………………

・夫婦でローンを負担した場合は、夫婦の共有名義にしておく
→単独名義だと贈与税がかかる可能性がある
・相続時精算課税制度の適用を受けた場合は、税務署に申告する
→贈与税の特例に注意
・預貯金通帳を整理し、資金の出し入れ（日付や金額、用途）について一覧表を作成する
→所得を整理する
・父母などからの住宅資金の援助を贈与にしたくない場合、借入金として明確にしておく
→贈与税が課される可能性があるため

建築基準法の床面積は、壁心面積といって、壁の中心から面積を算出します。一方、不動産登記法の床面積は、壁の内側を基準に面積を算出する内法面積になっています。

　不動産のパンフレットには、壁心面積が床面積の表示に採用されていることも知っておきましょう。床面積が50〜55㎡とパンフレットに書いてあるような物件の場合、内法面積を必ず確認する必要があります。マンションの場合は、階段や通路などの共有部分は、床面積に含めず、登記簿上の専有部分の床面積で判断します。

　店舗や事務所などと併用している住宅の場合は、店舗や事務所などの部分も含めた建物全体の床面積によって判断しますが、床面積の1/2以上の部分が自身の居住用としているという条件があります。

■ 内法面積と壁心面積 ………………………………………………

● 内法面積

・壁の内側の面積を測定する

・不動産登記簿に記載されている面積は内法面積

● 壁心面積

・壁の中心線で囲まれた面積を測定する

・物件のパンフレットに掲載されている面積は壁心面積

お買いになった資産の買入価額などについてのお尋ね

（不動産等用）　　　番　号　K

※ 既に回答がお済みの方は、各項目の記入は不要ですが、備考欄にその旨をご記入の上、ご返送ください。

項目	照会事項	回		答		事		項	
1 あなたの	職業	会社員	年齢 42歳	2 共有者の	住所	東京都世田谷区△△－××			
	資産を買い入れた年の前年の所得	所得の種類（○で囲む）事業 農業 給与 その他	年間収入金額 750千円		氏名	花山　優子	あなたとの続柄	妻	
			年間所得金額 550千円		職業	主婦	年齢 41歳	持分割合 1／2	

3 買い入れた資産の	所　在　地	種　類	細　目	面　積
	東京都世田谷区△△○番×号	土地	宅地	102.15㎡
	同上	建物	居宅	92.78㎡

売主の住所氏名等	住所（所在地）	東京都港区芝○○－××	氏名（名称）	甲乙不動産販売㈱	あなたとの関係	なし

買い入れの時期　　契約 令和2 年　3 月 25 日　（登記令和2年　7 月 17 日）

買入価格	48,000,000円	売買契約書の有無 有・無	お買いになった土地の上に建物があるときはその建物の所有者の	住所		あなたとの関係
				氏名	同上	

4 費用	支払項目	金額	支払項目	金額	支払項目	金額
	登記費用	481,700円	仲介手数料	1,518,300円		円

5 支払金額（合計額）の調達方法		金　額	預貯金等の種類	預　入　先	名義人氏名	続柄
	預貯金から	4,000,000円	定期預金	あじさい銀行○○支店	花山　優子	妻
		850,000円	普通預金	ひまわり銀行△△支店	花山　和夫	本人
		金　額	借入先の住所氏名等			借入名義人の氏名（続柄）
	借入金から	20,000,000円	住所 氏名 つばき銀行××本店		続柄	花山　和夫（本人）
		円	住所 氏名		続柄	
	資産を売却して売った金から	売却年月日	金　額	売却資産の名義人	売却した資産の所在地	種類
		2・1・15	20,000,000円	花山優子	東京都町田市○○	土地 256.00㎡ 譲渡所得の有無 有・無 町田税務署
		・・	円			有・無 税務署
	贈与を受けた金から	売却年月日	金　額	住所	贈　与　者 氏名	続柄
		2・2・28	5,000,000円	東京都杉並区○○	花山健一	父 贈与税申告の有無 有・無 杉並税務署
		・・	円			有・無 税務署
	その他から	150,000円	給与 ・ 賞与 ・ 手持現金 ・ その他（　　　　）			
	合　計	50,000,000円				

備考	令和_____年_____月頃に_____税務署へ回答済み。

以上のとおり回答します。　　　　　　　　　　　令和 2 年 12 月 25 日

住所　東京都世田谷区△△－××
フリガナ　ハナヤマ　カズオ
氏名　花山　和夫　㊞
電話　03 （××××）××××

作成税理士	氏名		電話	（　　）

空き家をめぐる法律問題と税金対策について知っておこう

特定空き家等に指定された空き家は取り壊される場合がある

● 空き家対策特別措置法はどんな法律なのか

　ここでは、空き家をめぐる法律問題について解説します。

　社会問題化する空き家問題への対策を強化するため空き家問題の対応に特化した法律として、平成27年に**空き家対策特別措置法**（空き家等対策の推進に関する特別措置法）が施行されました。この法律では、居住などの使用がなされていないことが常態化（１年以上）している建築物などを「空き家等」と定義しています。市町村長は、空き家等への調査や、所有者等を把握するために固定資産税情報を利用することができます。

　空き家対策特別措置法では、「空き家等」のうち、倒壊のおそれのある危険な状態、著しく衛生上有害な状態、著しく景観を損なっている状態などにあるものを**特定空き家等**と定義しています。

　特定空き家等については、その所有者等に対し、取壊しや修繕などの必要な措置をとるよう市町村長が助言・指導し、助言・指導に従わないときは勧告をすることができます。市町村長が特定空き家等の所有者等に対して、この勧告を行い、周辺の生活環境を保全するための必要な措置を要求した場合には、この特定空き家等に関する敷地について、それ以前に適用されていた固定資産税の住宅用地特例の対象から除外されます。

● 税制面による空き家対策の必要性

　空き家に固定資産税がかかるものの、土地に関しては更地で保有するより家屋が建っているほうが固定資産税は優遇されます。

通常の住宅用地では、小規模住宅用地（200㎡までの部分）は固定資産税評価額の6分の1、一般住宅用地（200㎡を超える部分）は固定資産税評価額の3分の1が「課税標準」となり、固定資産税が軽減されることになります。空き家を解体しようとすると、木造住宅で坪あたり通常約3〜5万円程度の解体費用がかかるだけでなく、上記の住宅用地の特例を受けられなくなり、固定資産税が数倍になってしまう可能性もあります。とりわけ地価が高騰している都心部では、この固定資産税の増額は痛い出費につながります。つまり、更地にするよりも、空き家にしておくほうが税金が少なくなるので、空き家が放置されたまま増加する原因のひとつになっていたわけです。

　しかし、特定空き家等として認定されて勧告を受けると、この特例が適用されず、固定資産税額が跳ね上がります。ただし、特定空き家等と位置付けられるだけではなく、除却・修繕・立木竹の伐採等の措置について、勧告や命令の行政処分が行われた場合に、固定資産税の住宅用地特例の適用がなくなります。

　勧告に従わない場合は、必要な措置をとるよう命令がなされ、それでも従わなければ、代執行（行政代執行）の手続きにより強制的に特定空き家等が取り壊される場合があります。代執行の費用は特定空き家等の所有者が最終的に負担しなければなりません（次ページ図参照）。所有する不動産を空き家状態で置いておくのであれば、定期的に清掃や修繕を施すなどして、管理を怠らないようにする必要があります。特定空き家等に指定されると、強制的に空き家が取り壊される可能性が生じるので、注意が必要です。

● 空き家を売却する場合にも特別な控除がある

　保有する不動産が「特定空き家等」に該当すると固定資産税が高くなってしまう可能性があります。たとえば、誰も使用する予定のない不動産を相続した場合、それが「特定空き家等」になってしまう前に

売却するのも１つの方法です。政府としても相続を原因に新たな空き家が発生することを抑制するために不動産の売却を促進するための税制を用意しています。

　具体的には、平成28年４月１日から令和５年12月31日までに譲渡した一定の居住用財産の譲渡所得から3,000万円を特別控除することができる特例措置が設けられています。この特例措置の対象となるのは、家屋及び敷地等の住まなくなった日（相続の場合には被相続人が死亡して空き家となった相続開始日）から３年経過した年の12月31日までに譲渡した場合です。耐震性のない家屋は耐震リフォームを施した上で敷地と共に売却するか、建物を取り壊して土地だけを売却する必要があります。また、譲渡価額１億円以下などいくつかの要件がある他、市町村から「被相続人居住用家屋等確認書」の交付を受ける必要もあるため、自分の不動産で特別控除が受けられるのかについては税務署や税理士などの専門家に相談するのもよいでしょう。

■ 特定空き家等の取壊しまでの手続き ……………………………

◎法律：「空き家等対策の推進に関する特別措置法」

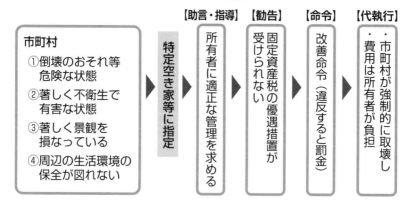

第5章

預貯金や生命保険・
投資をめぐる税金

1 利子所得について知っておこう

一般的には、所得税と地方税で合計20.315%の税金が源泉徴収される

● 利子所得とは

　利子所得とは、預貯金や公社債（国債、地方債、社債のこと）の利子および合同運用信託（金銭信託、貸付信託）や公社債投資信託の収益の分配に関する所得です。原則として、必要経費の控除などはないため、利子等の収入金額がそのまま利子所得の金額になります。ただし、「障害者等の少額貯蓄非課税制度」により、障害者などを対象に、それぞれの元本合計額が350万円以下の少額預金、少額公債の利子などは非課税になります。この制度が適用されるのは、遺族年金を受け取ることができる妻や身体障害者手帳が交付されている人で、かつ、国内に住所がある場合に限られます。

　また、「勤労者財産形成貯蓄の利子非課税制度」により、会社員を対象に、両者合わせて元本550万円以下の財形住宅貯蓄および財形年金貯蓄の利子などが非課税になります。

　「勤労者財産形成貯蓄（財形貯蓄）」とは、勤労者に限って認められている非課税貯蓄制度です。ここでいう勤労者とは、公務員や会社に雇われている人のことで、社長や自営業者は含まれません。勤労者の貯蓄や持家取得の促進を目的として、勤労者が事業主の協力を得て賃金から天引で行う貯蓄のことを指します。

　その他、納税貯蓄組合預金の利子、納税準備預金の利子なども非課税になります。

● 源泉分離課税の対象になる

　利子所得は、原則として支払いを受ける際に、利子等の収入金額に

一律20％（所得税15％、住民税5％）の税率を掛けた金額が源泉徴収され、それだけで納税が完結する「源泉分離課税」の対象となっています（平成25年から令和19年までは、別途復興特別所得税が付加されますので、合計20.315％となります）。

　外貨預金にかかる利子は20.315％の税率で源泉徴収された上で、為替差益が生じた場合は、雑所得として確定申告することになります。

　一方、国外の銀行などに預けた預金利子は、国内では源泉徴収されませんので、確定申告をする必要があります。

● 特定公社債等の利子について

　特定公社債等の利子については、平成28年1月以降は「申告分離課税」を選択することが可能となっています。

　「特定公社債等」とは、国債、地方債、外国国債、公募公社債、上場公社債、平成27年12月31日以前に発行された公社債（同族会社が発行した社債を除く）などの一定の公社債や公社債投資信託（MRFなど）のことを指します。したがって、「特定公社債等」の利子がある場合は、源泉徴収だけで済ませる他、後に確定申告をすることも可能となっています。

■ 利子所得の概要と非課税制度 ………………………………………

利子所得	課税方法	
預金および公社債の利子、合同運用信託および公社債投資信託の収益の分配等	源泉分離課税 20.315％（所得税15.315％・住民税5％）	※特定公社債等の利子等は申告分離課税を選択可

	対象者	対象となる金融商品	元本の限度額
障害者等の少額貯蓄非課税制度	障害者等	預貯金、投資信託、公社債等の利子	350万円
勤労者財産形成貯蓄の利子非課税制度	会社員等	財形住宅貯蓄、財形年金貯蓄等の利子	550万円

● 特定公社債等が特定口座の対象に

前述した見直しの一環として、特定公社債等が特定口座制度の対象になっています。特定口座制度とは、証券会社等に開設した特定口座内で上場株式等の譲渡等に関する損益を通算し、利用者の選択に応じ源泉徴収もしてもらえる制度です。これにより、特定公社債等に関する利子、償還損益なども特定口座内で上場株式等に関する配当や売却損益と通算されることになります。

● 利子所得にならないもの

一見性質が似ていても、実は利子所得ではないというものもあります。たとえば公社債の償還差益は、従来、雑所得とされていましたが、平成28年1月以降は上場株式等または一般株式等の譲渡所得等の収入金額とみなして申告分離課税の対象とされます。また、所得税等の還付加算金、法人役員の社内預金の利子などは、雑所得に該当します。金銭の貸付による利子については、事業から生じたものは事業所得、それ以外は雑所得になります。たとえば、友人にお金を貸して利子を取った場合は雑所得、事業として取引先に貸し付けたお金の利子は事業所得ということになります。これらの所得は源泉徴収されないため、原則として確定申告をしなければなりません。

■ 利子所得の例 ···

公社債の利子	➡ 国際、地方債、社債の利子
預貯金の利子	➡ 銀行、信用金庫、農業協同組合等に対する預金・貯金の利子
合同運用信託の収益の分配	➡ 貸付信託、指定金銭信託の収益の分配金
公社債投資信託の収益の分配	➡ 中期国債ファンドの収益の分配金
公募公社債等運用投資信託の収益の分配	➡ 一般募集される公社債の運用投資信託の収益の分配金

2 配当所得について知っておこう

上場株式だと20.315%の税金が源泉徴収される

● 配当所得とは

　配当所得とは、法人から受ける剰余金の配当（中間配当を含みます）、利益の配当、農業協同組合等から受ける剰余金の分配や公社債投資信託等以外の投資信託の収益の分配金に関する所得です。ただし、オープン型の証券投資信託の特別分配金は元本の払戻相当額として非課税になっています。**オープン型の証券投資信託**とは、証券投資信託のうちいつでも購入、換金ができるもののことです。

　配当所得は、原則として支払いを受ける際に、配当等の収入金額に一律20.42％の所得税率（復興特別所得税を含む、地方税なし）を掛けた金額が源泉徴収されます。上場株式等の配当および公募型の株式投資信託の収益分配金の源泉徴収税率については、20.315％（所得税および復興特別所得税15.315％、住民税5％）になっています。

　また、上場株式等の配当等については、源泉徴収された後、確定申告をしない「申告不要制度」、確定申告で上場株式等の譲渡損失とのみ損益通算して20.315％の税率で完結する「申告分離課税」、確定申告で他の所得と合算して超過累進税率で課税される「総合課税」のうち、いずれか有利な方法を選択できるものとされています。

　これに対して、非上場株式の場合は、原則として「総合課税」となりますが、1銘柄につき年換算10万円以下の配当であれば「申告不要制度」を選択することができます。なお、その場合でも住民税の申告は必要となりますので注意しましょう。

● 所得金額の計算方法は？

　配当所得の金額は、収入金額からその元本を取得するために要した負債の利子を控除した金額となります。ここで控除できる負債の利子の金額は、株式など配当所得が生ずる元本のその年における保有期間に対応する部分に限られます。収入として計上する時期は、配当の効力が発生する日を基準としますが、効力発生日を定めていないときは株主総会などの決議日を基準とします。

● 少額投資非課税制度（NISA）

　NISAとは、証券会社などの金融機関で専用の口座を開設することにより、年間120万円までの投資に対して5年間は配当や売却益に対する所得税や住民税を非課税とする制度です。投資対象としては、上場株式、株式投資信託、ETF（上場投資信託）、REIT（不動産投資信託）などが含まれます。この制度を利用すれば、5年間で最大600万円まで非課税で運用できます（詳細は149ページ参照）。

■ 配当所得課税制度の概要 ……………………………………………

配当所得			課税方法
公募株式投資信託の収益の分配等			配当の支払いを受ける際に20.315%源泉徴収され、確定申告の際に次のいずれかを選択する ①総合課税（配当控除） ②申告分離課税 20.315% 　（国税 15.315%、地方税 5%） ③確定申告不要 　（20.315%の源泉徴収〈国税 15.315%、地方税5%〉）
剰余金の配当	利益の配当	上場株式の配当等	
		上記以外(非上場株式の配当等)	総合課税（配当控除）
		1回の支払配当が 10万円× $\dfrac{\text{配当計算期間}}{12}$ 以下のもの	確定申告不要 （源泉徴収）

3 一時所得・雑所得について知っておこう

いずれの所得にも該当しない所得が雑所得である

◉ 山林所得とは

山林所得の金額はその年の伐採による譲渡などの収入金額から必要経費を控除し、その残額から山林所得の特別控除額（50万円）を控除した金額です。必要経費にはその山林の植林費などの取得費の他、山林の管理・維持のために必要な管理費、さらに伐採費、仲介手数料などの譲渡費用などが含まれます。山林所得は他の所得とは合算せず、「5分5乗方式」という他の所得とは異なった方法で税額を計算し、確定申告します。なお、取得から5年以内の山林における伐採や譲渡による収入は事業所得または雑所得となります。

◉ 一時所得とは

一時所得とは、利子所得から譲渡所得までの所得（8種類）以外の所得のうち、営利を目的とする継続的行為から生じた所得以外の一時の所得で、労務その他の役務または資産の譲渡の対価としての性質を有しないもののことです。代表的なものは次のとおりです。

① 懸賞や福引の当選金品、競馬や競艇の払戻金
② 生命保険契約等の一時金、損害保険契約の満期返戻金
③ 借家人が受ける立退料

（借家権消滅の対価として受け取るものは譲渡所得、収益補償として受け取るものは事業所得等となります）

④ 遺失物拾得者が受ける報労金

一時所得は、その年の一時所得に関する収入金額からその収入を得るために支出した金額の合計額を控除し、その残額から一時所得の特

別控除額（50万円）を控除した額です。一時所得の金額は総合課税されますが、他の所得と合算される金額は、一時所得の金額の2分の1相当額です。

・生命保険の満期保険金と確定申告

　生命保険が満期を迎えたり、途中で解約して満期保険金や解約返戻金を一時金として受け取った場合、一時所得として確定申告が必要となります。ただし一時払養老保険等で保険期間が5年以下のもの、保険期間が5年超でも5年以内に解約されたものは源泉分離課税となり源泉徴収だけで完結します。

● 雑所得とは

　利子所得から一時所得までの所得（9種類）のいずれにも該当しない所得です。公的年金等による所得と、それ以外の所得に区分されます。雑所得の金額は下記①と②の合計額です。

① 　その年の公的年金等の収入金額から公的年金等控除額を控除した残額

② 　その年の雑所得（業務・その他）に関する収入金額から必要経費を控除した金額の合計額

　公的年金等の場合、必要経費に代わるものとして、年齢や公的年金等の収入金額に応じて定められた「公的年金等控除額」を公的年金等の収入金額から差し引くことができます。雑所得の金額は、原則として総合課税ですが、定期積金の給付補てん金など特定の所得は源泉分離課税となります。生命保険の満期保険金を一時金で受け取ったときは「一時所得」になりますが、年金で受け取る場合には、「公的年金等以外の雑所得」となります。また、会社員の給与や賞与による収入が「給与所得」という分類であるのに対して、印税・原稿料などの副業による所得は、原則として「雑所得」になります。

・外国為替証拠金取引（FX）

FX取引の差金決済などにより利益が発生した場合、他の所得とは区別され、「先物取引に係る雑所得等」として、所得税15％（別途、復興特別所得税）、地方税５％の税率で課税されます。課税の方法は申告分離課税となります。

　会社員でも20万円以上の利益が出ている場合は確定申告が必要となります。

　なお、損失が発生した場合は、他の「先物取引に係る雑所得等」の金額とのみ損益通算することが可能です。損益通算をしても損失となる場合は、一定の要件の下、その損失を翌年以降３年間にわたり各年の「先物取引に係る雑所得等」の金額から控除することができます（繰越控除）。

■ 雑所得の金額の計算 ……………………………………………………

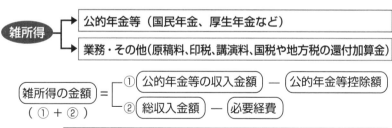

年令	公的年金等の収入金額Ⓐ	控除額
65歳未満	130万円以下	70万円
	130万円以上410万円以下	Ⓐ×25％+37.5万円
	410万円以上770万円以下	Ⓐ×15％+78.5万円
	770万円を超え（る）	Ⓐ×5％+155.5万円
65歳以上	330万円未満	120万円
	330万円以上410万円以下	Ⓐ×25％+37.5万円
	410万円以上770万円以下	Ⓐ×15％+78.5万円
	770万円を超え（る）	Ⓐ×5％+155.5万円

（公的年金等控除額）

株式や公社債の譲渡と税金について知っておこう

原則として所得税が課税されるが、非課税扱いのものもある

● 株式等の譲渡所得に対する課税

　株式等の有価証券の譲渡による譲渡所得の金額は、その株式等の譲渡による収入金額からその株式等の取得費と売却手数料などを差し引いて求めます。株式等を譲渡した場合の所得は原則として申告分離課税の対象とされるため、他の所得と分離して20.315％の税率（所得税15.315％、住民税5％）で税額を計算し、投資家自身が確定申告および納税することになります。

　なお、所得税の中には2.1％の復興特別所得税が含まれています。上場株式等については、少額投資非課税口座（NISA口座）を選択すると、譲渡益および配当等が非課税となります。公社債の場合、保有期間に応じて受け取った利子に対して20.315％の所得税が源泉徴収されます。

● その他の財産権の譲渡

　ゴルフ場の施設利用権であるゴルフ会員権の譲渡による所得などについては、他の所得と合算される総合課税が適用されます。ただし、ゴルフ会員権の譲渡損失を他の所得と損益通算することができません。なお、50万円の特別控除や保有期間5年超の長期譲渡所得に2分の1を乗じる取扱いは適用されます。この他にも図（148ページ）の金融商品、金融類似商品などがあります。

● 上場株式と公社債の譲渡益の損益通算

　現在、上場株式等と特定公社債等との課税方式は統一され、両者の損益通算が可能となっています。特定公社債の譲渡益に対しては

20.315％の所得税が課税され、利子については「申告分離課税」を選択することができます。

　この方法を選択した場合、上場株式等の配当、譲渡損益、特定公社債の利子、譲渡損益、償還損益をすべて合算して申告することができます。つまり、いずれかで譲渡損失が生じた場合でも、他の譲渡益、利子、配当と損益通算できるため、負担する所得税が少なくなるというメリットがあります。

　また、損益通算の結果、控除しきれなかった譲渡損失を翌年以降3年間にわたって繰り越し、将来の所得から差し引くこともできます（上場株式等に係る譲渡損失の繰越控除の特例）。

● 上場株式等の譲渡で確定申告が必要になる場合

　上場株式等の譲渡で確定申告が必要なときは、主に次の場合です。
・特定口座（源泉徴収口座）以外で株式等を譲渡して所得を得た場合
・特定口座（源泉徴収口座）の譲渡損失を、他の上場株式等の譲渡益から差し引く場合
・上場株式等に関する譲渡損失の金額を、上場株式等に関する配当所得等の金額から差し引く場合
・過去3年の上場株式等に関する譲渡損失の金額を、当年分の上場株

■ 上場株式等に対する課税 ………………………………………

譲渡所得に対する課税

　　譲渡所得額 ＝ 譲渡による収入金額－（取得費＋売却手数料）
　　税　　　額 ＝ 譲渡所得額 × 税率 20.315％
　　　　　　　※申告分離課税の対象

配当に対する課税（申告不要制度、申告分離課税の場合）

　　　　税率 20.315％
　　※総合課税も選択可、また少額投資非課税口座を選択すると非課税

式等に関する譲渡所得等の金額及び上場株式等に関する配当所得等の金額から差し引く場合
・過去2年及び当年分の上場株式等に関する譲渡損失の金額を、翌年以後に繰り越す場合
・その他株式等に関する譲渡所得等の各種特例の適用を受ける場合

■ 金融商品と税金

名称	課税される対象	区分		税率
●主な金融商品の課税関係				
ゴルフ会員権	売却益(売却収入−取得費−売却費用−特別控除額)	総合課税	譲渡所得	総合課税の所得に応じた税率
国内株式証券投資信託	償還差益・売却益・解約差益	申告分離課税	譲渡所得	所得税15.315%住民税5%
国内公社債投資信託	償還差益または解約差益	申告分離課税	譲渡所得	所得税15.315%住民税5%
	売却益	申告分離課税	譲渡所得	所得税15.315%住民税5%
外国株式投資信託	償還差益・売却益	申告分離課税	譲渡所得	所得税15.315%住民税5%
外国公社債投資信託	償還差益	申告分離課税	譲渡所得	所得税15.315%住民税5%
	売却益	申告分離課税	譲渡所得	所得税15.315%住民税5%
割引債(国債・地方債・社債)	償還差益	申告分離課税(一部、源泉分離課税)	譲渡所得(一部、雑所得)	所得税15.315%住民税5%(一部、所得税18.378% 住民税0%)
円建外債	償還差益	申告分離課税	譲渡所得	所得税15.315%住民税5%
外国利付債	償還差益			
国外で発行される割引公社債(ゼロクーポン債)	償還差益(満期まで保有)	申告分離課税	譲渡所得(一部、事業所得、雑所得)	所得税15.315%住民税5%
	売却益(途中で売却)			
利子が支払われない公社債	売却益			
新株予約権付社債	償還差益	総合課税	雑所得	課税総所得金額に応じた税率
	売却益	申告分離課税	譲渡所得	所得税15.315%住民税5%
外国為替証拠金取引(FX)	差金決済による差益	申告分離課税	雑所得	所得税15.315%住民税5%
●主な金融類似商品と課税関係				
定期積金の給付補てん金	給付金−掛金	源泉分離課税	雑所得	所得税15.315%住民税5%
抵当証券の利息	利息			
貴金属などの売戻し条件付き売買の利益	売り戻し金額−買入額	源泉分離課税	譲渡所得	所得税15.315%住民税5%
外貨投資口座の為替差益など	為替差益	源泉分離課税	雑所得	所得税15.315%住民税5%
一時払養老保険保険の差益・解約返戻金	保険金または解約返戻金−支払保険料	源泉分離課税	一時所得	所得税15.315%住民税5%

⑤ NISA について知っておこう

年間1人120万円まで最長5年間非課税にすることによって、個人の投資を促す制度

● NISAとは

NISA（少額投資非課税制度）とは、証券会社などの金融機関で専用の口座を開設することにより、年間120万円までの投資に対して5年間は配当や売却益にかかる所得税や住民税を非課税とする制度です。NISAの最大の特長は、いくら儲けても、その利益に対して課税されない、ということです。通常であれば、500万円を元手に100万円儲けた場合は、約20万円の税金が課されることになります。しかし、一定の条件の下で開設できるNISA口座を使って取引すれば、税金は一切かかりません。

NISA口座開設の条件や取引の注意点は以下のとおりです。

① 対象となるのは、20歳以上の日本国内居住者で、1人につき1口座しか開設できません。

② 非課税となるのは、株式・公募株式投資信託などの値上がり益・配当金（分配金）などです。

③ 非課税投資枠は、新規投資額で毎年120万円が上限（最大600万円）とされています。翌年への繰越しはできません。

④ 非課税である期間は、最長5年間とされています。ただし、期間終了後、新たな非課税枠への移行による継続保有はできます。

⑤ 制度継続期間は、平成26年から令和5年までの10年間でしたが、令和2年度税制改正により新たなNISAが創設され、さらに令和6年から令和10年まで延びています。毎年120万円（令和6年以降は毎年122万円）ずつ非課税枠の設定ができることになります。

なお、祖父母や親が20歳未満の子や孫の代理でNISA口座を開設す

ることもできます（ジュニアNISA）。

● NISAの活用例と対象商品

たとえば、平成31年から令和5年の5年間にわたり、あるIT系新興企業に年間120万円ずつ投資したとします。投資額は総額600万円で、5年後の時価は総額900万円まで上昇しました。この時点で全株を売却した場合、通常であれば売却益300万円に対して20.315％の申告分離課税（609,450円）となるところ、この税額が免除されることになります。

NISAの対象となる金融商品は「貯蓄」型の金融商品より「投資」型の金融商品がメインとなります。また、ある程度資産形成に役立ち、かつ、資本市場を下支えするような商品（上場株式や投資信託など）が中心となっており、信用取引、先物取引、FXなどは対象外です。

● 積立NISA

この制度では積立や分散投資に適した一定の「公募等株式投資信託」が対象になります。具体的には、株式投資信託のうち、①20年以

■ NISAの活用例 ……………………………………………………

600万円の投資で300万円の儲けが出た場合

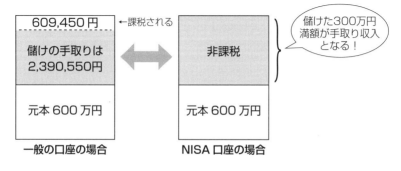

上の信託期間があり、短期償還が予定されていない、②毎月分配型ではない、③複数の銘柄に分散投資されているなどの条件を満たすものが対象です。1年間40万円までの投資を20年間にわたり行うことができます。前述のNISAと同様、配当や売却益などにかかる所得税と住民税が非課税となります。

● NISAの原則は1人1口座

　NISAは本来納めるべき税金を特別に免除する非課税制度であり、厳格に運用するため、1人1口座のルールが定められています。また、口座を開設できる金融機関は毎年選べるようになっています。たとえば、5年続けて新たな口座を開設すると、最大5つの口座を持ち、複数の金融機関から、株や投資信託など金融商品が選択可能になります。

● 値下がりや売却で投資枠は復活するか

　NISA口座で保有する株式等が値下がりした場合でも、値下がりした分（含み損の分）だけ非課税枠が復活する訳ではありません。非課税の限度額はあくまで取得時の元本の額で判断されます。
　次に、売却した場合はどうでしょうか。この場合も、非課税枠はあ

■ 非課税になる金融商品 非課税にならない金融商品 ……………

非課税になる金融商品
・上場株式（いわゆる株式投資）
・外国上場株式
・公募株式投資信託
・上場 REIT（上場不動産投資信託）
・ETF（上場投資信託）
・外国ＥＴＦ

非課税にならない金融商品
・預貯金
・債券
・公社債投資信託
・生命保険商品
・信用取引
・先物取引
・FX（外国為替証拠金取引）

くまで取得時の元本の合計額で判断しますので、含み損の場合と同様に、非課税枠が追加されることはありません。

● 損益通算や損失の繰越控除

　売却損が出た場合に注意しなければいけないのは、NISA口座の場合、他の売却益との損益通算（32ページ）や、損失の翌年への繰越ができないということです。NISA口座を選択しなかった場合、株式等を売却すると、売却益に対しては当然所得税が課税されます。その代わり、他の株式等から出た損失と損益通算ができます。

　なお、損益通算の結果、損失のほうが上回った場合には、その損失は翌年から3年間繰り越すことができ、翌年以降に損益通算を行うことも可能です。ところがNISA口座は、そもそも売却益を非課税にする特例制度であるため、売却損に対する取扱いはありません。このように、損失が出た場合に損益通算ができないという点は、NISAのデメリットといえるかもしれません。

● 非課税期間が終わるとどうなるのか

　NISAの非課税期間は、投資をした年から5年間です。5年経過後に何も手続きをしないでいると、特定口座などの一般の課税口座に移されることになります。

　非課税期間が終了した場合の対応としては、大きく分けて3つの方法があります。まず、含み益が出ている場合には、「売却するという方法」が考えられます。売却益は非課税となるため、NISAのメリットを享受した形になります。次に、含み損が出ている場合やNISAを終了したい場合には、「課税口座に移すという方法」が考えられます。

　また、NISAを続けたい場合には、「終了した翌年に新たな非課税口座に移すという方法」が考えられます。他の口座に移す場合は、いずれの場合でも、その時に再取得という取扱いになり、取得価額につい

ては時価で再評価されます。課税口座に移した場合は、その後の売却益や配当には通常通り課税されます。非課税口座に移した場合は、また新たな非課税期間が始まることになります。

● ロールオーバーするとどうなる

口座を開設した金融機関等で手続きを行うことにより、非課税期間が終了した翌年から新たな非課税口座で引き続き保有し続けることができます。これを**ロールオーバー**といいます。ただし、含み益があった場合、新しい口座開設時の時価で再計算されて課税されることになるので注意が必要です。逆に含み損がある場合には、新しい口座では非課税枠に余裕ができることになります。したがって、含み損がある場合には、ロールオーバーしながら売却の時期を見計らうというのも１つの方法といえます。

■ 毎年限度額100万円まで投資した場合 ‥‥‥‥‥‥‥‥‥‥‥‥

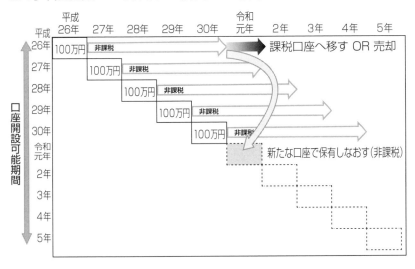

企業は必ず支払調書を発行しなければならないのか？

　給与や報酬を支払った企業は、支払った年の翌年の1月31日までに、支払った証明として作成した法定調書といわれるものを税務署へ提出しなければなりません。この**法定調書**には、**源泉徴収票**と**支払調書**の2つがあります。この源泉徴収票と支払調書はどう違うのでしょうか。源泉徴収票と支払調書は、支払った内容の違いによって区別されます。源泉徴収票が従業員に対して支払った給与や賞与、退職金の金額と源泉徴収した金額などの証明書であるのに対し、支払調書とは個人で事業を営んでいる者、つまり個人事業主に対して企業が支払った報酬・料金や使用料などの金額や、源泉徴収した金額を証明したものです。具体的には弁護士や税理士への報酬やフリーライターへの原稿料、あるいは不動産の賃料や不動産売買に伴うあっせん料を支払った場合などです。あくまで個人への支払であることがポイントです。

　支払調書は税務署へ提出するのと同時に、支払った個人へも支払調書を発行することが当然の義務のようにも思えます。しかし、法律上は個人への支払調書の発行義務はありません。ただ、個人が1年間の報酬額と源泉徴収された金額を正確に把握し、管理することは煩雑な場合が多いため、企業に支払調書を発行してもらい、確定申告の際の便宜を図ったものだといえます。

　また税法で定められた僅少な報酬額の場合は、税務署への支払調書の提出義務はありませんし、そもそも個人への発行義務はありませんから、もし発行を要求されても手間が増えるだけのように感じます。しかし、報酬を受け取った個人は、確定申告する上で支払調書がないと正確な税金の計算までたどりつかないかもしれません。正確な納税のために手間をかけることも企業の社会的責任を果たすひとつかもしれません。

第6章

相続税・贈与税のしくみ

相続税と贈与税の関係について知っておこう

相続税は所得税の補完税といわれている

● 相続税はなぜ課税されるのか

　相続税は、所得税を補完するために設けられています。死亡した人の残した財産は、その死亡した人の個人の生前に獲得した所得は、所得税が課税されています。しかし、その財産の中には所得税が課税されていないものも含まれています。そこで、死亡した時点におけるその人の財産について、所得税を補完する形で相続税が課税されるのです。

　相続税は、死亡した人の財産（相続財産）を相続・遺贈によって受け継いだ人に対して課される税金（国税）です。相続税は申告納税方式をとっていますので、遺産を相続した相続人が自分で相続財産の価格と、これにかかる税額を計算し、納税することになっています。

● 贈与税はなぜ課税されるのか

　贈与税は相続税の補完税といわれています。「相続税が課税されるくらいなら相続する前に相続人予定者に財産を分けておこう」とは、だれもが考えることです。しかし、これでは、贈与した人としなかった人の間に不公平が生じます。そこで、贈与が発生したときに課税する税である贈与税を設けて、相続税を補完する税としたわけです。このため、同じ課税価格に対する贈与税の税率は、相続税の税率より高くなっています。

● 課税率は贈与税のほうが高い

　相続税も贈与税も、課税される財産の価額が大きくなるほど高い税率が適用されます。これを**超過累進課税**といいます。税率は最低10％

から最高55％までとなっており、両方とも同じです。しかし、課税対象となる財産の価額が同じでも、途中の税率のきざみは贈与税のほうが細かく、少ない財産価額でも高い税率が設定され、相続税と贈与税では課税のしくみもまったく異なります。同じ額の財産に対する税額を比較してもあまり意味がなく、贈与税の税率が高いからといって相続税が有利だともいいきれません。

　また、相続税、贈与税共に税額控除が設けられていますが、適用を受けられる要件も両者では違います。こういった面からも相続税と贈与税のどちらが優位かということは簡単にいいきることはできません。

　資産が何十億円もあるという資産家の場合、相続税では高い税率が適用されます。しかし、毎年300 ～ 400万円の範囲で複数の相続人に毎年贈与すると、贈与税の税率は10 ～ 15％ですから、この場合は、贈与のほうが税額が少なくなる可能性が高いといえます。

　なお、現在の相続税・贈与税の税率は、次ページの図のとおりです。

■ 贈与税のしくみと相続税との関係 …………………………………

※贈与税は相続税の補完税

■ 相続税の税額表（速算表）‥‥‥‥‥‥‥‥‥‥‥‥‥‥‥‥‥‥‥

基礎控除後の課税価格	税 率	控除額
1,000万円以下	10%	な し
1,000万円超　3,000万円以下	15%	50万円
3,000万円超　5,000万円以下	20%	200万円
5,000万円超　1億円以下	30%	700万円
1億円超　2億円以下	40%	1,700万円
2億円超　3億円以下	45%	2,700万円
3億円超　6億円以下	50%	4,200万円
6億円超	55%	7,200万円

■ 贈与税の税額表（速算表）‥‥‥‥‥‥‥‥‥‥‥‥‥‥‥‥‥‥‥

●20歳以上で直系尊属からの贈与

基礎控除後の課税価格	税 率	控除額
200万円以下	10%	な し
200万円超　　　400万円以下	15%	10万円
400万円超　　　600万円以下	20%	30万円
600万円超　1,000万円以下	30%	90万円
1,000万円超　1,500万円以下	40%	190万円
1,500万円超　3,000万円以下	45%	265万円
3,000万円超　4,500万円以下	50%	415万円
4,500万円超	55%	640万円

●上表以外の場合の贈与

基礎控除後の課税価格	税 率	控除額
200万円以下	10%	な し
200万円超　　　300万円以下	15%	10万円
300万円超　　　400万円以下	20%	25万円
400万円超　　　600万円以下	30%	65万円
600万円超　1,000万円以下	40%	125万円
1,000万円超　1,500万円以下	45%	175万円
1,500万円超　3,000万円以下	50%	250万円
3,000万円超	55%	400万円

なぜ相続財産を評価するのか

遺産分割協議の前に相続財産の中身を調べる

● 遺産とは何か

　遺産とは、被相続人が死亡時に残した財産です。中身も様々です。遺産は大きく、ⓐ現金・預金、手形、小切手、不動産、動産、債権、株などのプラスの財産と、ⓑ借金、保証債務、買掛金、預かり品の返還義務などの債務であるマイナスの財産に分類できます。

　債務は、この他に相続人から被相続人への生前の貸付や立替金、仮払いなどがあります。たとえば、相続人が立替払いをしていた被相続人の入院費、治療費などがこれに含まれます。ただし、死後に発生する葬儀代、法事の費用などは被相続人の債務ではありません。また、配偶者、直系血族、兄弟姉妹などの一定の親族には扶養義務があるため、被相続人に対する立替払いが無条件に相続税に関する債務に該当するかはケースによって違います。

　相続税が課される財産には、以下に掲げる財産があります。

① **本来の相続財産**

　民法の規定によって被相続人から相続または遺贈により取得される財産のことをいいます。ここでいう「財産」は、広い意味に解され、被相続人が持っている財産のうち金銭に見積もることができる経済的価値のあるものをすべて含みます。

② **みなし相続財産**

　ある財産を取得したり経済的利益を受けたことが、実質的に見て相続または遺贈によるものと同じような経済的効果があると認められる場合には、相続または遺贈により取得したものとみなして相続税の課税財産となります。これをみなし相続財産といいます。たとえば、生

命保険金、退職手当金、生命保険契約に関する権利などがあります（次ページ図参照）。

③　相続開始前３年以内に取得した贈与財産

　相続または遺贈により財産を取得した者が、被相続人から相続開始前３年以内に財産の贈与を受けていた場合には、贈与された財産の価額は相続税の課税価格に加算されます。相続または遺贈により財産を取得していない者に対して行われた相続開始前３年以内の贈与については課税対象とはなりません。

④　相続時精算課税により贈与を受けた財産

　相続時精算課税制度（204ページ）の届出をして取得した贈与財産の価額は、相続税の課税価格に加算されます。

　なお、被相続人の財産であっても、相続できないものがあります。一身専属権と使用貸借権の２つです。一身専属権とは、被相続人だけにしか行使できない権利や義務（親権、扶養料請求権、身元保証人の義務など）のことです。一身専属権の権利や義務は、被相続人の死亡と同時に消滅します。使用貸借権とは、物を無償で貸借する権利のことです。これは、貸主と借主の特別な契約関係で成立しているため、契約当事者の一方の人が死亡すると効力を失います。ただし、不動産の使用貸借については、例外的に相続が認められる場合もあります。

● なぜ相続財産の評価をするのか

　遺産の中身や価値を正確に把握して、それぞれの財産の価額を評価しておかないと、具体的な遺産分割協議ができません。また、遺産の評価をしないと、相続税の納税額もわかりません。ですから、相続が発生した場合には、遺産を把握して、評価額を算定することになります。仮に、遺産分割がすんでから新たに遺産が出てきた場合には、遺産分割協議をやり直すことになります。なお、遺産分割協議自体を最初からやり直すか、新たに発見された遺産についてのみ遺産分割協議

をやり直すかは、ケースによって異なります。

◉ 遺産は時価で評価する

　相続財産がすべて現金や預貯金であれば評価は簡単なのですが、そのようなケースはまれです。実際の相続財産としては、土地や建物、美術品など容易に評価できないものがほとんどです。また、相続の税務と民法上の遺産分割実務では財産評価が異なることもあるため、注意が必要です。相続税法では、相続人の財産は相続開始日の「時価」で評価すると定められています。生前贈与における評価日は贈与を受けた日とされています。しかし、時価という言葉は、意味としては「そのときの価値」といったところで、かなりあいまいな表現です。

　実務上は、「財産評価基本通達」に示された時価の基準に基づいて財産を評価し、相続税を計算します。これは、いろいろな財産の時価の計算方法に関する相続税法の解釈指針です。

■ 相続税の課税対象となる財産 ……………………………………

```
相続税の
かかる財産
```

本来の相続財産

土地、土地上の権利、家屋、事業用財産、現金、預貯金、有価証券、美術品、家具など

みなし相続財産

死亡退職金、退職年金の継続受給権、生命保険金、生命保険契約に関する権利、定期金（年金）の受給権、定期金（年金）契約に関する権利

※この他に、相続開始前3年以内に取得した贈与財産と、相続時精算課税により
　贈与を受けた財産が、相続税の課税対象となる。

● 各種の不動産の評価方法を知っておく

不動産の評価方法は、通常の土地や家屋の他、農地、山林、賃貸不動産等によって分かれており、次のとおりに行います。

① 土地の評価

国税庁が発表する路線価に基づく路線価方式と、地方自治体が定める固定資産税評価額に基づく倍率方式などを参考にします。

② 農地、山林の評価

路線価方式と倍率方式の評価方法を参考にします。

③ 借地・貸地の評価

地域によりますが、土地の評価額から借地権分（6～7割）を差し引いた価格が貸地の評価額となるのが一般的です。

④ 家屋の評価

固定資産税評価額を参考にします。

⑤ 借家・貸家の評価

築年数などが評価に影響し、家屋の評価額から一定割合を差し引きます。

● 土地の時価には4種類がある

土地の時価には、次ページ図の4種類があります。時価の種類のうち、土地にかかる相続税を計算する場合に用いる時価は、相続税評価額（路線価）です。相続税評価額は、実勢の取引価格よりも低く（約70％相当）設定されています。

土地の相続税評価額の算定方式には二種類あり、路線価方式か倍率

方式のいずれかの方式で評価して計算することになります。

　２つのうちどちらで評価するかは、勝手に選べるわけではなく、所在地によって自動的に決定されます。評価すべき土地がどちらの方式で評価するか不明な場合は、税務署に確認します。

① 路線価方式

　路線価が定められている地域（主に市街地）では、路線価方式により評価額を算出します。路線価とは、道路に面する標準的な宅地の1㎡あたりの価額です。実務上は、路線価は「路線価図」を見て計算することになります。路線価図は、毎年１回改定されます。この路線価に、土地の立地や形状に応じた修正（補正率あるいは加算率）を加えた後に、その土地の面積を掛けて評価額を計算します。なお、同じ面積の土地であっても、その地形によって利用価値にかなり差が生じます。そのような場合には、その評価額を補正する必要がでてきます。補正する場合に用いる補正率は地区区分によって異なります。地区区分は、路線価図に表示されている「ビル街地区」「高度商業地区」「繁華街地区」「普通商業・併用住宅地区」「普通住宅地区」「中小工場地区」「大工場地区」の７つがあります。

② 倍率方式

　一方、路線価が定められていない地域（市街地以外）では、倍率方

■ 時価の種類 ……………………………………………………………

種　　類	内　　容
① 取引価格(実勢売買価格)	現実の売買価格に基づく実勢の価格。
② 公示価格(標準価格)	毎年１月１日に改定され、３月に公表される。取引価格の約90％。
③ 相続税評価額(路線価)	地価公示価格と同時に改定され、７月に公表される。公示価格の約80％。
④ 固定資産税評価額	固定資産税を課税するための時価で３年ごとに見直される。公示価格の約70％。

式により評価額を算出します。この方式は、固定資産税評価額にその地域ごとに定められている一定の倍率を掛けて評価額を計算します。

　土地の相続税評価額の算定方式は2種類あると記載しましたが、特殊な場合の例外もあります。2つの方式は、あくまでも国税局が定めた標準的な算定方法であって、特殊な事例で適正な土地評価ができない場合は、3つ目の算定方法として、「不動産鑑定評価額」を基準にして土地の相続税評価額を決める方法も考えられます。

　不動産鑑定評価額とは、国家資格を持つ不動産鑑定士が国土交通省などによって定められた「不動産鑑定評価基準」に基づいて不動産価格を算定するものです。不動産鑑定士による評価であれば、国税局の示した2つの方式では加味されない特殊な事情も算定の対象に加えることができます。場合によっては、評価額を思ったよりも低く算定できる可能性もあります。

● 地形による補正とは

　土地の形状によっては、評価額を求める際に次のような補正を加える必要があります。たとえば、同じ面積の隣り合った土地であっても、一方は、きちんとした長方形をしており、もう一方がゆがんでいるような形をした土地の場合、長方形の土地のほうが評価は高くなります。相続税の評価もこのように土地の使い勝手から見た評価による修正を加えた上で、最終的な評価額を算定します。

① 奥行価格補正

　同じ面積の土地だとしても、形状の違いによって、その土地の奥行の距離は異なります。この場合に、土地の奥行の距離に応じて路線価を補正するのが奥行価格補正です。

② 側方路線影響加算（角地加算）

　交差点などの角地は、一般的に利用価値が高いとされています。それを評価額に反映させるために一定の金額を加算します。

③ 二方路線影響加算（裏面加算）

　表と裏に道路が面している土地は、「二方路線影響加算率表」を用います。評価額の計算については、正面路線価（路線価の高い方のこと）をもとに計算し、加算します。

④ その他

　間口（不動産などが道路に接している部分の長さ）が狭い宅地や、間口距離との関係から見て奥行の長い宅地は、適当な間口と奥行のある宅地に比べて価格が下がると考えられています。そこで、その評価

■ 路線価図 ・・

に関しては、「間口狭小補正率」や「奥行長大補正率」を適用して路線価格を減額修正することができます。また、形状にもよりますが、不整形地（通常の長方形や正方形ではない宅地）や無道路地（道路に接していない宅地）は、減額して評価することができます。

■ 奥行価格補正率表

地区区分／奥行距離（メートル）	ビル街地区	高度商業地区	繁華街地区	普通商業・併用住宅地区	普通住宅地区	中小工場地区	大工場地区
4未満	0.80	0.90	0.90	0.90	0.90	0.85	0.85
4以上 6未満		0.92	0.92	0.92	0.92	0.90	0.90
6 〃 8 〃	0.84	0.94	0.95	0.95	0.95	0.93	0.93
8 〃 10 〃	0.88	0.96	0.97	0.97	0.97	0.95	0.95
10 〃 12 〃	0.90	0.98	0.99	0.99	1.00	0.96	0.96
12 〃 14 〃	0.91	0.99	1.00	1.00		0.97	0.97
14 〃 16 〃	0.92	1.00				0.98	0.98
16 〃 20 〃	0.93					0.99	0.99
20 〃 24 〃	0.94					1.00	1.00
24 〃 28 〃	0.95				0.97		
28 〃 32 〃	0.96		0.98		0.95		
32 〃 36 〃	0.97		0.96	0.97	0.93		
36 〃 40 〃	0.98		0.94	0.95	0.92		
40 〃 44 〃	0.99		0.92	0.93	0.91		
44 〃 48 〃	1.00		0.90	0.91	0.90		
48 〃 52 〃		0.99	0.88	0.89	0.89		
52 〃 56 〃		0.98	0.87	0.88	0.88		
56 〃 60 〃		0.97	0.86	0.87	0.87		
60 〃 64 〃		0.96	0.85	0.86	0.86	0.99	
64 〃 68 〃		0.95	0.84	0.85	0.85	0.98	
68 〃 72 〃		0.94	0.83	0.84	0.84	0.97	
72 〃 76 〃		0.93	0.82	0.83	0.83	0.96	
76 〃 80 〃		0.92	0.81	0.82			
80 〃 84 〃		0.90	0.80	0.81	0.82	0.93	
84 〃 88 〃		0.88		0.80			
88 〃 92 〃		0.86			0.81	0.90	
92 〃 96 〃	0.99	0.84					
96 〃 100 〃	0.97	0.82					
100 〃	0.95	0.80			0.80		

■ 奥行補正の計算例（普通住宅地区）

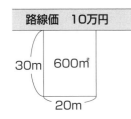

	路線価 10万円
30m	600㎡
	20m

（路線価）　（補正率）　（1㎡当たりの価額）
10万円　×　0.95　＝　9万5,000円

（㎡）　（評価額）
9万5,000円　×　600　＝　5,700万円

■ 側方路線影響加算率表と計算例（普通住宅地区）

側方路線影響加算率表

地 区 区 分	加　　　算　　　率	
	角地の場合	準角地の場合
ビ ル 街 地 区	0.07	0.03
高 度 商 業 地 区 繁 華 街 地 区	0.10	0.05
普通商業・併用住宅地区	0.08	0.04
普 通 住 宅 地 区 中 小 工 場 地 区	0.03	0.02
大 工 場 地 区	0.02	0.01

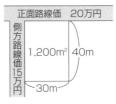

（奥行補正40m）
20万円 × 0.91＝18万2,000円 … ア

（奥行補正30m）（側方加算率）
15万円 × 0.95 × 0.03
　　　　　　　　＝ 4,275円 … イ

1㎡当たり　　　　　　　（評価額）
（ア＋イ）×1,200㎡ ＝ 2億2,353万円

■ 二方路線影響加算率表と計算例（普通住宅地区）

二方路線影響加算率表

地 区 区 分	加　　算　　率
ビ ル 街 地 区	0.03
高 度 商 業 地 区 繁 華 街 地 区	0.07
普通商業・併用住宅地区	0.05
普 通 住 宅 地 区 中 小 工 場 地 区 大 工 場 地 区	0.02

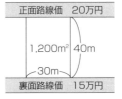

（奥行補正40m）
20万円 × 0.91 ＝ 18万2,000円……①

（奥行補正40m）（二方路加算率）
15万円 ×0.91 × 0.02 ＝2,730円…②

1㎡当たり　　　　　　（評価額）
（①＋②）×1,200㎡ ＝ 2億2,167万6,000円

小規模宅地等の特例について知っておこう

事業用地・居住用の宅地は評価額が軽減される

● 小規模宅地等の特例とは

　事業用の土地や居住用の土地は生活基盤財産ですから、処分すれば生計が維持できません。そのため、遺産の中に住宅や事業に使われていた宅地等がある場合には、その宅地等の評価額の一定割合を減額する特例（**小規模宅地等の特例**）が設けられています。対象となるのは、以下の要件を満たしている場合です。

① 　被相続人または被相続人と生計を一にしていた被相続人の親族の居住または事業のために使用されている宅地等、または特定同族会社や特定郵便局の敷地として使用されている宅地等であること

② 　棚卸資産およびこれに準ずる資産に該当しないこと

③ 　農地や牧草地以外で建物や構築物の敷地であった宅地

④ 　相続税の申告期限までに遺産分割が確定していること

⑤ 　相続税の申告期限までに相続人がその土地を取得し、居住や事業のために利用していること

⑥ 　被相続人が居住に使用していた宅地を複数所有していた場合、「主として」居住していた宅地に限定

⑦ 　相続開始前３年以内に、３親等内の親族または当該親族と特別の関係がある法人が所有する家屋に居住したことがないこと

⑧ 　相続開始時に親族が居住の家屋を過去に所有したことがないこと

⑨ 　相続開始前３年以内に貸付事業を行った宅地等ではないこと

　なお、平成31年度税制改正により、相続開始前３年以内に事業で使用された宅地であっても、その宅地の上で事業で使用された償却資産の価額が相続時の価額の15％以上ある場合には、特例が適用できます。

● 評価減率はどうなっている

具体的な評価減率は、次の①～③のようになります。

① 特定居住用宅地等（限度面積330㎡）

申告期限までに、被相続人またはその配偶者と同居または生計を一にしていた親族が、被相続人が居住していた土地を自分の居住用として使う場合、80％の減額となります。被相続人に配偶者や同居している親族がいない場合には、別居の親族でも、持ち家をもたないなど一定の要件を満たせば、本特例の適用を受けることができます。

② 特定事業用宅地等（限度面積400㎡）

申告期限までに、被相続人が事業用に使用していた土地を取得して同じ事業に使う場合、80％の減額となります。

③ 貸付事業用宅地等（限度面積200㎡）

不動産貸付業や駐車場などを営んでいる場合には、200㎡までの宅地部分に関して、50％の減額となります。

たとえば、遊休地を持つ資産家が、事業用建物を建てることで上記②の適用対象となるため、相続税を相当節税できる可能性があります。なお、2世帯住宅について、被相続人とその親族が各独立部分に分かれて住んでいた場合においても、小規模宅地等の特例が適用されます。

■ 小規模宅地等の減額の計算例 ………………………………………

〈設定〉・宅地面積……500㎡　　・通常の評価額…… 1億

ケース	減額される額	課税される額
特定居住用宅地等	1億円×$\frac{330㎡}{500㎡}$×80% ＝5,280万円	1億円－5,280万円 ＝4,720万円
特定事業用宅地等	1億円×$\frac{400㎡}{500㎡}$×80% ＝6,400万円	1億円－6,400万円 ＝3,600万円
貸付事業用宅地等	1億円×$\frac{200㎡}{500㎡}$×50% ＝2,000万円	1億円－2,000万円 ＝8,000万円

農地や山林の評価方法について知っておこう

区分によって評価方法が決められている

● 農地の区分と評価とは

農地は、所在する地域などにより、①純農地、②中間農地、③市街地周辺農地、④市街地農地の４つの区分に分類されています。この区分は、国税庁のホームページ（http://www.rosenka.nta.go.jp/）の評価倍率表に記載されています。

農地の評価方法には、倍率方式と宅地比準方式の２つがあります。

・倍率方式

固定資産税評価額に一定の倍率を掛けたものです。

・宅地比準方式

その農地が宅地であるとした場合の価額を、路線価方式により評価する地域にあってはその路線価により、また倍率地域にあっては、評価しようとする農地に最も近接し、かつ、道路からの位置や形状等が最も類似する宅地の評価額（宅地としての固定資産税評価額×宅地としての評価倍率）に基づいて計算し、その価額から、宅地に転用するとした場合にかかる造成費用を差し引いて評価額とするものです。

前述した農地区分の①と②は倍率方式、③は市街地農地の80％の額、④は宅地比準方式または倍率方式で評価します。また、宅地造成費用については、国税局ごとに一定の金額が定められています。

● 山林では立木も評価の対象となる

山林の評価方法は、農地の評価方法と似ていて、その所在地などに応じて、①純山林、②中間山林、③市街地山林の３つに区分して評価します。①と②は倍率方式、③は宅地比準方式または倍率方式のいず

れかで評価します。山林は実測の面積が登記簿上の面積と異なること（縄のび）があった場合、登記簿上の面積ではなく、実測による地積（土地の面積）を用いて評価します。

　また、原野や牧場などの評価は、山林の評価に準じて計算します。この場合は、森林内の立木や果樹も評価の対象となります。その評価は国税局が定める標準価額に、土地の肥え具合を数値化した「地味級」、森林の植栽密度を示す「立木度」などを掛けて評価します。ただ、収益を目的としない果樹などは評価の対象にはなりません。

　保安林（公共の目的により伐採や開発などが制限される森林）は固定資産税が非課税ですので、固定資産税評価額を基準にした評価はできません。そのため、森林法で保安林に指定されている山林は、近隣の山林における固定資産税評価額を基準にして評価します。また、保安林は、立木の伐採が制限されている度合いに応じて、30～80％の範囲で減額して評価することができます。

　なお、緑地保全地区内山林についても、80％の減額評価とすることができます。詳細は税務署や森林組合に問い合わせてみましょう。

■ 農地・山林の評価方法 ………………………………………

農　地	
①純農地	固定資産税評価額 × 倍率
②中間農地	固定資産税評価額 × 倍率
③市街地周辺農地	市街地の農地であるとした場合の価格 × 0.8
④市街地農地	宅地とした場合の評価額 － 宅地造成費　または 固定資産税評価額 × 倍率
山　林	
①純山林	固定資産税評価額 × 評価倍率
②中間山林	固定資産税評価額 × 評価倍率
③市街地山林	宅地とした場合の評価額 － 宅地造成費　または 固定資産税評価額 × 倍率

6 貸地などはどのように評価するのか

アパートなどの敷地は評価減となる

● 借地は評価額が低くなる

　借地人が死亡した場合は、この借地権も相続の対象になります。借地権の評価額は、通常の土地、つまり自用地（他人の権利の目的となっていない更地）の評価額に、国税局が定める**借地権割合**を掛けて算出します。また、地上権（建物などの建造物を所有することを目的に、他人の土地を利用できるという内容の物権）も相続の対象となります。地上権の評価額は、自用地評価額に、地上権の残存期間に応じて定められている割合を掛けて算出します。この借地権割合ですが、地域により借地事情が異なるということで、地域ごとに定められ、路線価図や評価倍率表に表示されています。

● 貸宅地の評価方法

　貸宅地（底地）とは、借地権や地上権の対象となっている土地を地主側の立場から見た場合の呼び方です。貸宅地は、借地権や地上権があるため、土地の所有者であっても自由に処分することはできません。そこで、貸宅地の評価額は、自用地評価額から借地人の持っている借地権や地上権の価額を差し引いて算出します。

● 定期借地権が設定されている場合

　定期借地権とは、対象となる契約期間や建物の使用目的によって、借地期間が一定期間で解消されることを法的に保証する権利です。定期借地権をもつ地主にとってのメリットは、契約期間が限定されるので、安心して土地を貸すことができることや、一時金として受け取る

保証金を長期的に運用ができることなどです。一方、借地人としての
メリットは、安い保証金で土地を借りられることなどです。

　一般定期借地権（公正証書等の書面により借地期間を50年以上とし、
借地期間満了により借地権が確定的に終了するもの）が設定されてい
る貸宅地（底地）の評価額は、その宅地の自用地としての評価額から、
地域ごとの底地割合や、借地期間に対する残存期間の複利年金現価率
の割合などが加味された一般定期借地権に相当する額を差し引いて評
価します。また、その他の定期借地権が設定されている貸宅地の評価
額は、その宅地の自用地としての評価額から、定期借地権などの残存
期間に応じた割合を掛けて計算した額を差し引いて評価します。残存
期間に応じた割合は以下のとおりです。
・残存期間が5年以下のもの…5％
・残存期間が5年超10年以下のもの…10％
・残存期間が10年超15年以下のもの…15％
・残存期間が15年超のもの…20％

● 貸家建付地の評価額の軽減とは

　貸家建付地とは、アパートなどの敷地のように自分で所有する土地
に自分で建物を建て、その建物を他人に賃貸している土地のことです。
貸家建付地は、土地も家屋も地主の所有財産ですが、この場合、相続
が発生したからといって、すぐに借家人に出ていってもらうことはで
きません。ですから、通常の評価額よりも低い価額で評価します。な
お、普通の家屋の評価額に対する貸家の評価額の割合を**借家権割合**と
いいます。借家権割合は、現在、すべての地域について30％となって
います。

● 使用貸借の土地の評価

　個人間で行う無償による土地の賃借を使用貸借といいます。たとえ

ば、父親の持っている土地を子どもが借りて家を建てるといった場合がこれにあてはまります。この場合、一般の賃貸借と違い、父親の土地の利用権が制限されているとはみなしません。したがって、使用貸借の土地は自用地と同じ評価を行います。

■ 借地権の評価額の計算方法 ·······························

> **計算式**
>
> | 借地権の評価額 | = | その宅地の通常の評価額 | × | 借地権割合 [※] |

※路線価図の地域区分により決まる。
A地域が90%、B地域が80%、C地域が70%、D地域が60%、E地域が50%、F地域が40%、G地域が30%

■ 貸宅地の評価額の計算方法と計算例 ·······················

> **計算式**
>
> | 貸宅地の評価額 | = | その宅地の通常の評価額 | − | その宅地の通常の評価額 | × | 借地権割合 |

〈例〉● 通常の評価額　2億円　　● 借地権割合　60%
2億円 − 2億円 × 60% = 8,000万円 ← 貸宅地の評価額

■ 貸家建付地の評価額の計算方法と計算例 ·················

> **計算式**
>
> | 貸家建付地の評価額 | = | その宅地の通常の評価額 | − | その宅地の通常の評価額 | × | 借地権割合 | × | 借家権割合 [※1] | × | 賃貸割合 [※2] |

〈例〉● 通常の評価額　1億円　　　● 借地権割合　70%
　　　● 借家権割合　30%　　　　● 賃貸割合　80%
1億円 − 1億円 × 70% × 30% × 80% = 8,320万円
└ 貸家建付地の評価額

※1　現在はすべての地域で一律30%
※2　家屋の全床面積に対する、課税の時に賃貸している部分の床面積の割合のこと
　　　（一時的な空室は含まず）

家屋や貸家はどのように評価するのか

マイホームの評価額は固定資産税評価額に基づく

● 家屋の評価額と倍率方式

　家屋の価額は、固定資産税評価額に一定の倍率を掛ける**倍率方式**で算出します。**固定資産税評価額**とは、それぞれの市区町村で固定資産税を算出するもととなった価額です。この価額は、家屋については1棟ごとに定められています。

　なお、現在は、固定資産税に掛ける一定の倍率が全国一律で1倍であるため、相続税の評価額は固定資産税評価額と同じ額になります。他人から借りた土地の上に建物が建てられている場合は、借地権として評価され、相続税の対象となります。その土地の更地価格に借地権割合を乗じた金額が借地権の評価額となります。借地権割合は、地域ごとに異なり、路線価図や評価倍率表に表示されています。また、マンションの場合は、土地と建物部分の2つに分けて評価額を算定します。土地に関しては、敷地全体の評価額に持分割合を掛けたものを評価額とします。建物部分に関しては、所有している部屋の固定資産税評価額が評価額となります。

● 被相続人死亡時に建築中の家屋の評価

　建築中である家屋も相続財産になります。しかし、家屋は完成してから固定資産税の評価額が定められますから、建築中のものにはまだ評価がありません。その場合に評価の基準となるのは費用現価です。この費用現価の70％相当額が建築中の家屋の評価額となります。費用現価とは、相続開始時までにかかった建築費用を相続が発生したときの時価に引き直した額です。実際に算定する場合は、建築会社に費用

の明細などを作成してもらい、それを参考にして計算します。

● 貸家は借家権価額が控除される

貸家の居住者（賃借人）には借家権がありますので、貸家は自分が居住する家屋とは評価方法が異なります。

① 借家権の評価

借家権の評価額は、自分が住むための家屋の評価額に国税局で定める一定の借家権割合（現在はすべての地域において一律30％）を掛けて計算します。

② 貸家の評価

貸家を評価する場合は、自分が住むための家屋の評価額から、①の借家権の評価額を差し引きます。

③ 住宅を兼ねている場合の貸家の評価

貸家がアパートなどであり、一部を住宅として自分で使用していた場合には、その住宅として使用していた部分を除いて、貸家の評価をしなければなりません。この場合、自分が住むための家屋の評価額に借家権割合と賃貸割合を乗じた価格を、自分が住むための家屋の評価額から控除した額が評価額となります。

賃貸割合とは、簡単にいうと、貸家全体の床面積のうち、賃貸をしている部分の床面積のことです。アパートのすべての部屋を賃貸している場合は、賃貸割合は1（100％）になります。

■ 貸家の評価額の計算方法 ・・・・・・・・・・・・・・・・・・・・・・・・・・・・・・・・・

$$\text{貸家の評価額} = \text{固定資産税評価額} \times \left(1 - \text{借家権割合（※）} \times \text{賃貸割合} \right)$$

※現在はすべての地域で一律30％

8 動産はどのように評価するのか

高価なものは専門家に鑑定を依頼するとよい

● 動産の種類には何があるのか

　動産とは、自動車、書画骨董、機械・器具、什器・備品、その他の家財道具などをいいます。遺産には動産が含まれますが、遺産分割協議の対象にはならずに形見分けで処理されるケースが多いようです。価値が低いものもありますし、廃棄処分が必要なものはその費用も遺産から出さなければなりません。

① **自動車・船舶**

　交換価直が高く、遺産分割協議の対象となります。

② **貴金属、書画骨董・美術品**

　価値は鑑定の方法によって差がありますが、遺産分割協議の対象になります。

③ **機械・器具**

　価値が高いことが多く、遺産分割協議の対象になります。

④ **身辺の器具**

　家具などがあり、遺産分割協議では、動産一式という扱いで処理されるのが一般的です。高級ブランド品や価値がわからない骨董品など特殊なものは除外されます。

⑤ **書類**

　資料価値がある書類や法的な重要書類であったり、保管期限や被相続人に保管義務のある書類も存在するので、遺産分割協議の中で処理方法を決めます。廃棄するなど処理の方法については、第三者の権利を侵害しない限りとくに規定はありません。

● 動産の評価は難しい

　動産には交換価値の低いものも多くありますが、一方で貴金属や宝飾品は価値が高く、評価は重要ですから、しっかり鑑定してもらいましょう。

① 金、銀、プラチナ

　基準となる相場が国内外にありますから、容易に評価できます。ただ、宝石などは、市場価格の変動以外にそのもの自体の良し悪しを専門家に判断してもらう必要があります。

② 美術品

　専門業者に引き取ってもらうのが一般的です。売らない場合に遺産分割協議で決まらないときは、鑑定人に鑑定してもらいます。美術品はニセ物も多く流通しているので専門家に見てもらいます。

③ 有名ブランド品やデザイン宝飾品

　デパートの売値の１割から２割が実際の買取値段であったり、業者によって評価にばらつきがあります。ただ、評価するのが一般の人の場合は、さらに価値判断は様々ですから、個別のケースによることになります。

④ 家電

　相続時の時価で評価しますが、古いものは価値がないのが実情です。

■ 動産の種類 ……………………………………………………………

種　類	分割にあたり必要になる手続
自動車	移転登録
貴金属等	占有の取得
機械・器具等	占有の取得（場合により登録）
一般の器具	占有の取得
書類	占有の取得（株券などは名義書換）

株式や公社債はどのように評価するのか

株式の評価方法は上場株式かどうかによって異なる

● 株式は3種類に分類して評価する

　株式は、上場株式、気配相場等のある株式、取引相場のない株式の3種類に分類され、種類ごとにその評価方法が定められています。

　上場株式は、その株式が上場されている証券取引所が公表する①課税時期の終値（最終価格）、②課税時期を含む月の終値の月平均額、③課税時期の前月の終値の月平均額、④課税時期の前々月の終値の月平均額の4つの価格のうち、最も低い金額によって計算します。課税時期とは、相続税の場合は相続の日（被相続人の死亡日）、贈与税の場合は贈与のあった日のことを指します。

　また、株式が複数の証券取引所に上場されている場合は、原則として納税者がどの取引所の価格を採用するかを決めることができます。

● 気配相場等のある株式の評価

　気配相場等のある株式とは、日本証券業協会で登録されている登録銘柄や店頭管理銘柄、公開途上にある株式、およびこれらに準ずるものとして国税局長が指定した株式などのことをいいます。これらは上場株式ではありませんが、証券会社などで店頭取引が行われており、上場株式と取引相場のない株式との中間的な存在です。

　このうち登録銘柄と店頭管理銘柄は、①課税時期の取引価格（高値と安値が公表されている場合にはその平均額）、②課税時期を含む月の取引価格の月平均額、③課税時期の前月の取引価格の月平均額、④課税時期の前々月の取引価格の月平均額、の4つの価格の中で、最も低い金額によって算出します。いずれも、証券会社、証券取引所、税

務署に問い合わせれば、その価格がわかります。

　なお、公開途上にある株式は実際の取引価格で評価します。

● 取引相場のない株式の評価

　取引相場のない株式とは、前述のいずれにも該当しない株式や、零細企業などの株のことです。取引相場のない株式は、時価がないために評価方法が少し複雑になります。

　取引相場のない株式の評価方法は、次の4つの方式があります。

①　類似業種比準方式

　同業種の上場株式の平均株価を基準にして、評価する会社と類似業種の1株当たりの配当金額、年利益金額、純資産価額の3つの実績値を用いて評価する方式

②　純資産価額方式

　評価会社の資産を相続税評価基準によって評価し、そこから負債を差し引いた純資産額をもとに評価する方式

③　①と②との併用方式

④　配当還元方式

　受け取る利益の配当金を一定の利率で還元して株価を評価する方式取引相場のない株式の場合は、相続などで株式を取得した株主がその株式を発行した会社の経営支配力を有する同族株主等（議決権割合が30％以上）か、それ以外の株主かの違いなどによって、原則的評価方式または特例的な評価方式（配当還元方式）で評価します。

　原則的には、会社の従業員数・総資産価額および売上高により大会社・中会社・小会社の3つに区分し、大会社は類似業種比準方式、小会社は純資産価額方式、中会社は類似業種比準方式と純資産価額方式との併用により評価します。

　また、特例の方法として、配当還元方式で評価する場合があります。配当還元方式で評価を行う場合は、それぞれ次のとおりです。まず、

同族株主のいる会社では、ⓐ同族株主以外の株主の取得した株式、ⓑ中心的な同族株主以外の同族株主で、その者の取得した株式です。一方、同族株主のいない会社では、ⓒ株主の1人およびその同族関係者の議決権割合の合計が15％未満である場合に、その株主が取得した株式、ⓓ中心的な株主がおり、議決権割合が15％以上のグループに属し、かつ、その者の議決権割合が5％未満である者の取得した株式です。

なお、たとえば休業中の会社など特定の会社に区分された場合の株式評価は、純資産価額方式で算定します。

◉ 公社債の評価方法

公社債とは、一般投資家から資金を調達するために国や地方公共団体、会社が発行する有価証券です。公社債を評価するときは、「割引発行の公社債」「利付公社債」「元利均等償還が行われる公社債」「転換社債」の4つに区分して評価します。

なお、公社債は、銘柄ごとに券面額100円当たりの単位で評価します。

■ 公社債の評価方法 ･･････････････････････････････････････

公社債の種類	評価方法
①割引発行の公社債	ⓐ 上場されている公社債 …課税時期の最終価格 ⓑ 気配値のある公社債 …課税時期の平均値 ⓒ ⓐ、ⓑ以外の公社債 　…発行価額と既経過の償還差益の額の合計額
②利付公社債	上記①の割引発行の公社債と同じ評価方法を適用する。さらに既経過利息の額を加えた金額になる。
③元利均等償還が行われる公社債	定期金（年金）の評価方法を適用する。
④転換社債	以下の種類ごとに、利付公社債に準じた評価を行う。 ⓐ 金融商品取引所に上場されているもの ⓑ 日本証券業協会で店頭転換社債として登録されたもの ⓒ ⓐ、ⓑ以外のもの

金銭債権の取扱いとその他の財産の評価方法について知っておこう

預貯金、定期金、家財道具などの評価が問題になる

● 金銭債権・現金・株の取扱い

　金銭債権とは、銀行預金や貸金などのことです。金銭債権は数字で客観的に算定して分割できる性質のもの（分割債権）ですから、従来は、相続分が決まっていればそのまま分割すればよく、分割協議の必要はありませんでした。しかし、平成28年12月に最高裁が従来の判例を変更し、預金債権については遺産分割の対象となると判示したことから、遺産分割前は各相続人が単独で預金の払い戻しを請求することができなくなりました。ただ、遺産分割が成立しない限り、被相続人の預金が一切引き出せないとすれば、残された遺族に困難を強いる危険性があります。そこで民法改正により令和元年7月から、葬儀費用や当面の生活資金に充てることができるよう、預貯金の仮払い制度が創設されています。

　売掛金や貸金、賃料債権などの預貯金以外の金銭債権については従来通り、遺産分割の対象とはならないため、各相続人は法定相続分に応じて権利を行使することができます。なお、相続人全員が合意すれば、これらの金銭債権も遺産分割の対象とすることができます。

　これに対し、現金は、法律上、債権ではなく動産と解されているため、売掛金債権のように相続開始により当然に相続人がその法定相続分に応じて取得できるわけではなく、遺産分割の対象とされます。

　現金は相続開始時の残額が評価額となり、相続税の対象となります。家の中で現金が貯め込まれた状態のいわゆるタンス預金などの高額の現金が、相続税の申告においてあえて申告されないというケースもよく耳にします。しかし、税務署は被相続人の年収を把握していること

から、現金を隠しても申告された相続税額と税務署が把握している故人の所得との間に隔たりがあれば、税務調査により隠ぺいが発覚する可能性があります。現金の隠ぺいが発覚すればペナルティを科せられることになります。

● 預貯金は区分して評価する

普通預金などの普通預貯金は、相続開始日の残高がそのまま相続税の評価額になります。また、定期預金などの定期性の預貯金は、利率が普通預貯金より高いので、源泉所得税相当額を既経過利息の額から差し引いた額に、残高を加えて評価額を算定します。

● 債権の評価方法

相続税においては、貸し付けた金銭債権等については、返済される予定である元本の価額と、それに対する利息との合計金額が評価額になります。受取手形の場合は、期日の到来が被相続人の亡くなった日から6か月以内であれば、額面どおりの評価額になります。期日が6か月より先であれば、銀行で割り引いた回収金額が評価額になります。ただし、たとえば貸し付けた相手先が破産した場合など、一定の理由

■ 金銭債権の相続 ···

金銭債権・現金の取扱い

遺産分割の対象となるもの	遺産分割の対象とならないもの
・預金債権 預金通帳	（相続開始により、当然に分割承継されるもの）
・現金	・売掛金債権 ・賃料債権 　}　預貯金以外の ・貸金債権 　　　金銭債権

により債権の回収が不可能または著しく困難であると見込まれる場合には、回収できない部分の金額は、評価額に含めません。

● 定期金（年金）の評価方法

生命保険会社の個人年金などの定期金給付契約をしていた被保険者が死亡した場合、その定期金はみなし相続財産になります。

定期金の種類としては、死亡するまで給付を受けられる終身定期金、給付期間が決まっている有期定期金、給付期間が決まっていない無期定期金などがあります。評価方法は以下のようになります。

① すでに年金の給付を受けている場合は、ⓐ解約返戻金相当額、ⓑ定期金に代えて一時金の給付を受けることができる場合には、その一時金に相当する額、ⓒ予定利率等をもとに算出した金額、の評価方法の中で最も多い金額を採用します。

② 給付をまだ受ける権利が発生していない場合は原則として解約返戻金相当額となります。

● 家財道具の評価方法

家財道具は、調達価額を評価額とします。調達価額とは、相続開始時に、中古品としてそれと同等品を購入した場合の価格です。なお、調達価額がわからない場合は、新品の小売価格から使用年数に応じた定率法（毎年一定割合で償却する方法）を用いて算出します。

● 特許権・営業権などの評価方法

特許権は、この権利を持っていることで将来受けることができる補償金の額の一定割合と、特許権の存続期間から評価します。また、「のれん」といわれる事業の継続に必要な信用も営業権として評価の対象になります。営業権は、超過利益金額に営業権の持続年数に応ずる基準年利率による複利年金現価率を乗じて評価します。

系譜・墳墓・祭具・遺骸・遺骨や形見の取扱いについて知っておこう

実情に応じて話し合いで現実的な対応をする

● 系譜・墳墓・祭具の承継はどうする

　祖先から受け継いでいた系譜・墳墓・祭具などの遺産は、財産的な意味がほとんどなく、遺産分割の対象になりません。祭具等については、一般に長子や配偶者が承継する場合が多く、地域ごとの慣習などが考慮されることになっています。こうしたものの承継者は、被相続人が指定することになっていますが、指定は遺言によらなくてもかまいません。指定がないときは、相続人の協議によりますが、慣習が不明などの理由で決まらないときは、家庭裁判所に決めてもらいます。

● 遺骸・遺骨はどうなるのか

　遺骸・遺骨は被相続人の通常の相続財産ではありません。裁判所の判例では、遺骸・遺骨は社会的に特殊な扱いを受け、埋葬・管理・祭祀・供養のために祭祀主宰者が所有権をもつものとされています。なお、被相続人には祭祀主宰者を指定する権利がありますから、指定がある場合はそれに従います。

● 「形見分け」の品は相続財産か

　故人の遺品を遺族などで分ける「形見分け」という儀礼的慣習があります。形見も遺産の分割に入りますが、慣習上容認される程度のものであれば、分割の対象外になることもあります。通常は故人が身につけた時計やアクセサリーなどが形見分けの対象で、相続争いの対象にするほどの経済的価値がないものが対象になります。宝石などの高価なものは、遺産分割の対象となります。なお、相続放棄を検討して

いる場合は、経済的な価値のあるものを形見分けとする行為は「相続財産の処分行為」とみなされ、相続放棄が認められない可能性がありますので、注意が必要です。

● 葬式費用の負担割合

葬式費用は被相続人の死後の費用ですから、遺産ではありませんので、葬儀の主催者が負担します。しかし、相続人間で話し合って、相続人間で負担し合うケースも多くあります。

あくまで一般論ですが、相続人が負担し合うことにした場合は、まず、香典から費用を出し、足りないときは相続財産から法定相続人の相続割合に応じて負担するということが多いようです。香典は、葬式のために遺族にかかる金銭面での負担を周囲の人々が軽くしてあげようという気持ちで行う贈与です。厳密にいえば、受贈するのは喪主ということになりますので、喪主が独り占めしても法的には文句は言えません。しかし、香典のもともとの意味を考えた場合には、まず葬式費用は香典から出すことが合理的ではないかと考えられます。

■ 祭祀財産承継者の決定方法 ·······································

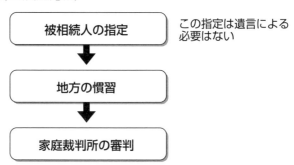

被相続人の指定

↓

地方の慣習

↓

家庭裁判所の審判

この指定は遺言による
必要はない

※承継者は第1に被相続人の指定により決まり、被相続人の指定がない場合には第2にその地方の慣習により、慣習も明らかでない場合には第3に家庭裁判所の審判によって定まる。

12 相続税額の計算方法を知っておこう

相続税の計算は３段階で行う

◉ 相続税と基礎控除額

　遺産総額が基礎控除額を超える場合には、相続税を申告して納税しなければなりません。相続税の**基礎控除額**は、「3,000万円＋法定相続人の数×600万円」です。たとえば、夫・妻・子どもの３人家族で、夫が死亡した場合、妻と子どもの２人が相続人になります。3,000万円＋600万円×相続人２人という計算により、4,200万円が基礎控除額となります。相続税の計算は、①課税価格の計算、②相続税の総額の計算、③各相続人の納付税額の計算、という３つのステップを踏みます。

① 課税価格の計算

　相続税の対象となる各相続財産の評価額に、生命保険金などのみなし財産と、一定の贈与財産を加え、非課税財産と相続債務、葬式費用を差し引きます（189ページ図）。

② 相続税の総額の計算

　①で計算した相続税の課税価格の合計から、基礎控除額を差し引いた額が課税遺産額になります。課税遺産額がゼロであれば、相続税はかかりません。一方、課税遺産額がプラスであれば、この課税遺産額

■ 現行税制による基礎控除額

夫・妻・子の３人家族で夫が死亡した場合　遺産総額を１億円とする	
3,000万円＋600万円 ×２（妻と子）＝4,200万円	5,800万円
基礎控除額	課税遺産額

をもとに各法定相続人の遺産相続金額を計算します。このときに、法定相続人は法定相続分どおりに課税遺産額を取得したものとして計算します。つまり、仮に相続放棄等があったとしても、相続税を計算する際には相続放棄等がなかったものとして、この各遺産相続金額に相続税率を掛けて相続税の総額（仮の相続税額）を計算します。

③　各相続人の納付税額の計算

　②で計算した相続税の総額を、実際に相続人が取得した財産額に応じて按分して、各相続人の納付税額を計算します。このとき、各種税額控除（199ページ）の適用を受ける人はその分を差し引き、また2割加算を受ける人はそれを加算した額が各相続人の納付額となります。**2割加算**とは、相続、遺贈や相続時精算課税による贈与によって財産を取得した人が、被相続人の一親等の血族（代襲相続人となった孫（直系卑属）を含みます）及び配偶者以外の人である場合には、その人の相続税額にその相続税額の2割に相当する金額が加算されるという制度です。

■ 課税対象者（被相続人）の推移 ……………………………………

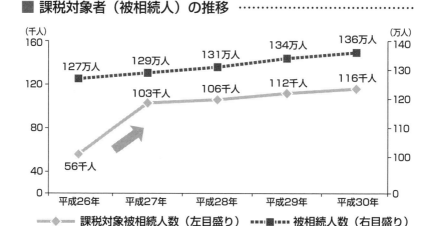

※1 出典　令和元年12月国税庁が公表「平成30年分　相続税の申告事績の概要」
※2 平成27年の課税対象被相続人数の急増は、同年の相続税法改正による基礎控除額引き下げに伴う影響

■ 相続税額の計算方法 ·······························

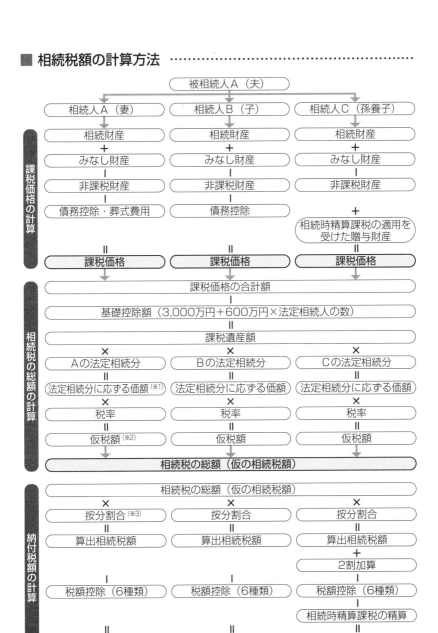

被相続人A（夫）

| 相続人A（妻） | 相続人B（子） | 相続人C（孫養子） |

課税価格の計算

相続財産	相続財産	相続財産
＋	＋	＋
みなし財産	みなし財産	みなし財産
ー	ー	ー
非課税財産	非課税財産	非課税財産
ー	ー	＋
債務控除・葬式費用	債務控除	相続時精算課税の適用を受けた贈与財産
＝	＝	＝
課税価格	課税価格	課税価格

相続税の総額の計算

課税価格の合計額

ー

基礎控除額（3,000万円＋600万円×法定相続人の数）

＝

課税遺産額

×	×	×
Aの法定相続分	Bの法定相続分	Cの法定相続分
＝	＝	＝
法定相続分に応ずる価額（※1）	法定相続分に応ずる価額	法定相続分に応ずる価額
×	×	×
税率	税率	税率
＝	＝	＝
仮税額（※2）	仮税額	仮税額

相続税の総額（仮の相続税額）

納付税額の計算

相続税の総額（仮の相続税額）

×	×	×
按分割合（※3）	按分割合	按分割合
＝	＝	＝
算出相続税額	算出相続税額	算出相続税額
		＋
		2割加算
ー	ー	ー
税額控除（6種類）	税額控除（6種類）	税額控除（6種類）
		ー
		相続時精算課税の精算
＝	＝	＝
Aの納付税額	Bの納付税額	Cの納付税額

（※1）課税遺産額に法定相続分を乗じたもの（各人ごとに計算する）
（※2）「法定相続分に応ずる価額」に速算表の税率を乗じ、その額から速算控除額を引いた額
（※3）課税価格の合計額に対する、その人の課税価格の割合のこと（各人ごとに計算する）

■ 相続税額の計算例① （相続税の総額の計算）……………………

＜設定＞

被相続人（夫：70歳）

ー長男（実子：45歳、5,000万円）

ー次男（孫養子：22歳、3年以内の生前贈与3,000万円）

妻（8,000万円）

※1）カッコ内の金額が、各人の相続税の課税価格である
※2）次男は長男の子であるが、被相続人の養子（孫養子）となっている
※3）次男は被相続人の生前において、「相続時精算課税制度」を利用して贈与を受けている
※4）次男は※3）の贈与を受けた年において、贈与税100万円（（3,000万円−2,500万円）×20%）を納付している

〔相続税の総額の計算〕

① **課税価格の合計額**

8,000万円（妻）＋5,000万円（長男）＋3,000万円（次男）＝1億6,000万円

② **基礎控除額**

3,000万円＋600万円×3（妻、長男、次男の3人）＝4,800万円

③ **課税遺産額**

1億6,000万円−4,800万円＝1億1,200万円

④ **法定相続分に応ずる取得金額**（※1）

妻………1億1,200万円× $\frac{1}{2}$ ＝5,600万円

長男……1億1,200万円× $\frac{1}{2}$ × $\frac{1}{2}$ ＝2,800万円

次男……1億1,200万円× $\frac{1}{2}$ × $\frac{1}{2}$ ＝2,800万円

⑤ **相続税の総額のもととなる仮税額**

妻………5,600万円×30%（税率）−700万円（速算控除額）＝980万円

長男……2,800万円×15%− 50万円＝370万円

次男……2,800万円×15%− 50万円＝370万円

⑥ **相続税の総額**（※2）

980万円＋370万円＋370万円＝1,720万円

（※1）それぞれの取得金額に千円未満の端数が生じた場合は、切り捨て処理とする
（※2）相続税の総額に100円未満の端数が生じた場合は、切り捨て処理とする

■ 相続税額の計算例②（納付税額の計算）……………………………

〔納付税額の計算〕

① 按分割合（小数点第3位を四捨五入し、割合の計が1になるようにする）

妻 $\dfrac{8,000万円}{1億6,000万円}$＝0.50 …………0.50

長男 $\dfrac{5,000万円}{1億6,000万円}$＝0.3125…………0.31

次男 $\dfrac{3,000万円}{1億6,000万円}$＝0.1875…………0.19

計 1.00

② 算出税額

妻 1,720万円×0.50＝860万円

長男 1,720万円×0.31＝533万2,000円

次男 1,720万円×0.19＝326万8,000円

③ 2割加算（妻と長男は該当しない）

次男 326万8,000円×1.2＝392万1,600円

④ 税額控除の検討

妻………配偶者の税額控除に該当（1億6,000万円までは免除されます）

長男……該当なし

次男……相続時精算課税

392万1,600円−100万円＝292万1,600円

⑤ 納付税額

妻………0円

長男……533万2,000円

次男……292万1,600円

生命保険の非課税枠は相続人１人あたり５００万円である

● 生命保険金も課税対象になる

　生命保険金は、とくに指定がなければ保険契約者が保険金受取人になります。被相続人が保険契約者でなくても、保険金受取人に指定されていれば、保険請求権は遺産となり、遺産分割の対象になります。

　被相続人が保険金の受取人として特定の人を指定していた場合、その人に保険金請求権があります。相続人を受取人として指定していた場合は、保険金請求権は相続財産ではなく、その相続人が直接権利を得るというのが判例です。

　生命保険の保険金を受け取った場合には、保険料負担者、被保険者、及びその保険金の受取人が誰になるかにより、次のように相続税、所得税、贈与税のうちいずれが課税されるのかが異なります。

① **保険料負担者及び被保険者が被相続人本人で、保険金受取人が被相続人以外の場合**

　相続税が課税されます。被相続人の死亡により受け取った生命保険金については、本来の相続財産ではありませんが、被相続人が負担した保険料に対応する部分については、「みなし相続財産」として、相続税の課税対象になります。ただし、非課税控除の適用があります。「５００万円×法定相続人の数」までの金額については、相続税が非課税となります。

② **保険料負担者及び保険金受取人が被相続人本人で、被保険者が被相続人以外の場合**

　所得税が課税されます。一時金として受け取ると一時所得になります。この場合、受け取った保険金から払込保険料総額を差し引き、こ

こから50万円を控除した金額の2分の1が一時所得の金額となります。なお、保険金を年金で受け取る場合は公的年金等以外の雑所得になります。

③　保険料負担者が被相続人本人で、被保険者及び保険金受取人が被相続人以外の場合

　　保険金の受取人が保険料負担者から贈与を受けたとして贈与税が課税されます。受け取った保険金額と、その年の他の贈与された資産もあればそれも含めた合計額から、110万円を控除した額が贈与税の対象となります。

■ **保険契約者、被保険者、保険金受取人と税金** ‥‥‥‥‥‥‥‥‥

保険契約者 （保険料負担者）	被保険者	保険金受取人	課税
夫	夫	妻	相続税
夫	妻	夫	所得税
夫	子ども	妻	贈与税

※ここでは夫が被相続人となる場合を想定している

生命保険と相続税 --- 保険料負担者及び被保険者が被相続人本人で、保険金受取人が被相続人以外の場合、保険金受取人に相続税が課税される

　　500万円×法定相続人の数＝非課税

生命保険と所得税 --- 保険料負担者及び保険金受取人が被相続人本人で、被保険者が被相続人以外の場合、所得税が課税される

　　**（受取保険金−払込保険料−50万円）× $\frac{1}{2}$
＝課税される金額**

生命保険と贈与税 --- 保険料負担者が被相続人本人で、被保険者及び保険金受取人が被相続人以外の場合、保険金受取人に贈与税が課税される

　　110万円の基礎控除額がある

弔慰金・死亡退職金は相続税の対象になるのか

過大な弔慰金には相続税が課税される

● 弔慰金は相続税の対象になるのか

　葬儀の際に遺族が受け取った香典は税金の対象にはなりません。また、被相続人の死亡によって受け取る弔慰金や花輪代、葬祭料などについては、通常相続税の対象になることはありません。ただし、被相続人の雇用主などから弔慰金などの名目で受け取った金銭などのうち、実質上、退職手当等に相当すると認められる部分は相続税の対象になります。

　具体的には、被相続人の死亡が業務上による場合は、被相続人の死亡当時の普通給与の３年分に相当する額を超える部分は相続税の対象になります。また、被相続人の死亡が業務上の死亡でない場合には、被相続人の死亡当時の普通給与の半年分に相当する額までは弔慰金にあたる金額として相続税は課税されません。しかし、その金額を超える部分は、退職手当等として相続税の対象になります。

● 死亡退職金には相続税が課される

　被相続人の死亡によって遺族が被相続人に支給されるべきであった退職手当金や功労金など（退職手当等）を受け取る場合で、死亡退職で支給される金額または生前に退職していて支給される金額が、被相続人の死亡後３年以内に支給が確定したものは、相続財産とみなされて相続税の対象になります。

　なお、被相続人の死亡後３年を経過した後に支給額が確定された退職手当等については、相続税ではなく、受け取った人の一時所得として、受け取った退職金から特別控除（最高50万円）を差し引いた金額

の2分の1に対して、所得税が課税されます。

● 退職手当等と非課税限度額

　相続人が受け取った退職手当等は、その全額が相続税の対象となる
わけではありません。すべての相続人が受け取った退職手当等を合計
した額が非課税限度額以下であれば、相続税は課税されません。500
万円×法定相続人の数の額までが非課税限度額となります。たとえば、
相続人が子ども2人の場合は1,000万円までは非課税となります。相
続を放棄した人がいた場合でも法定相続人の数には含まれるので、含
んだ人数で非課税限度額を計算します。

　すべての相続人が受け取った退職手当等の合計額が非課税限度額を
超える場合には、その非課税限度額を各相続人が受け取った退職手当
等の金額の割合で按分した額がそれぞれの相続人の非課税限度額にな
ります。

■ 香典・弔慰金・死亡退職金の取扱い ……………………………

| 香　典 |-------------- 非課税 |

弔　慰　金
　┌ 通常 ----- 非課税
　└ 過大 ┬ 業務上の死亡 ……… 普通給与の3年分まで非課税　超過分は退職手当等として課税
　　　　 └ 業務上の死亡以外 …… 普通給与の半年分まで非課税　超過分は退職手当等として課税

死亡退職金 ---- 相続財産とみなされて課税
（500万円 × 法定相続人の数まで非課税）
　↑
被相続人の死亡後3年以内に支給が確定したもの

※被相続人の死亡後3年経過した後に支給が確定したものについては、所得税が課税される

15 課税価格の計算方法について知っておこう

非課税となる財産もある

● 相続税の課税対象財産とは

　相続税の対象となる財産には、①相続、遺贈、死因贈与のいずれか
によって取得した「本来の相続財産」と、②相続財産ではないが相続
税法の規定により「みなし財産」とされるもの、の2種類があります。
まず、各相続人が相続した財産の評価額を計算し、課税の対象となる
財産の合計額となる「課税価格」を求めます。

　ところで、国外にある財産を相続した場合についてですが、相続人
の住所が海外であっても、一定の要件を満たせば相続税の対象となり
ます。具体的には、次のいずれかの場合です。

① 　相続人が日本国籍を有し、かつ相続開始前10年以内に国内に住所
がある場合

② 　相続人が上記以外の場合には、被相続人が次の@bいずれかに該
当する場合

@ 　被相続人が国内に住所を有している。ただし、相続開始前15年
以内において国内に住所を有していた期間の合計が10年以下の者
（一時居住被相続人）を除く。

b 　被相続人（外国人を除く）が国内に住所を有していないが、相続
開始前10年以内に国内に住所を有している。

　なお、令和3年度税制改正により、国内に短期的に居住する在留資
格を有する者及び国外に居住する外国人等が、相続開始時において国
内に居住する在留資格を有する者から、相続または遺贈により取得す
る国外財産については相続税が課されなくなりました。

● 非課税財産とは

　相続税の計算において、公共性や社会政策的見地などにより非課税財産となるものとして、主に次のようなものがあります。生命保険金及び死亡退職金の非課税枠も非課税財産に含まれます。

・墓地、霊びょう、仏壇、仏具など
・一定の要件に該当する公益事業者が取得した公益事業用財産
・心身障害者扶養共済制度に基づく給付金の受給権
・相続財産を国や特定の公益法人などに寄附した場合の寄附財産

● 財産を取得した人と債務の引き継ぎ

　財産を取得した人が債務を引き継いだ場合は、相続したプラスの財産（預金や有価証券、不動産など）から債務を引いた残りが相続税の課税対象となります。相続の際には、プラスの財産も債務もいっしょに相続しなければならないのが原則で、相続税はあくまで債務を引いた正味の相続財産に対して課税されるのです。

　相続財産から引くことができる債務は、相続開始時点で確定していなければなりません。ただ、被相続人が納付すべきだった税金をその死亡によって相続人が納付することになった場合、被相続人が死亡した際に確定していなかったとしても、被相続人の債務としてプラスの

■ 相続税の課税価格の計算方法 ……………………………………

課税価格	＝	本来の相続財産	＋	みなし相続財産	＋

　　　相続開始前３年以内の通常の贈与財産　＋

　　　相続時精算課税の適用を受けた贈与財産　－

　　　　非課税財産　－　債　務　－　葬式費用

相続財産から差し引くことができます。墓地購入の未払金、保証債務、団体信用保険付のローン、遺言執行費用、相続に関係する弁護士や税理士の費用などは債務として差し引くことはできません。

● 相続財産を寄附した場合の取扱い

　相続した財産を自己の保有財産とせずに、特定の団体などに寄附することもあります。このように、自己の手元に財産が残らないようなケースでも原則どおりの方法で相続税額を算定するのでしょうか。

　相続により財産を取得した場合、原則として取得後の用途を問わず相続税が課せられます。ただし、相続した財産を国や地方公共団体または特定の公益を目的とする事業を行う特定の法人など（以下「特定の公益法人等」）に寄附した場合、以下のすべての要件を満たすと寄附をした財産は、特例として相続税の対象外になります。

① 　寄附した財産が相続や遺贈によってもらった財産であること
② 　相続財産を相続税の申告書の提出期限までに寄附すること
③ 　寄附した先が国や地方公共団体または教育や科学の振興などに貢献することが著しいと認められる公益目的の法人であること

　なお、特定の公益法人等への寄附について、特例が適用できない場合もあるので少し注意が必要です。たとえば、寄附をしたお金が2年を経過しても公益を目的とする事業に使われていない場合や、特定の公益法人等に寄附をすることで、寄附をした人やその親族などが特別の利益を受けて相続税または贈与税の負担が結果的に不当に減少した場合などがこれに該当します。一方、寄附をした相手先が一般の企業のようなケースでは、上記③を満たしていないことになるため、寄附した財産は相続税の対象になります。

相続税の税額控除にはどんなものがあるのか

6種類の税額控除により税負担の軽減を図っている

● 税額控除とは

　相続税では、相続や遺贈で財産を取得した人の個別的な事情などを考慮して、主に6種類の税額控除等を設けて税負担の軽減を図っています。

　6種類の税額控除とは、①贈与税額控除、②配偶者の税額軽減、③未成年者控除、④障害者控除、⑤相次相続控除、⑥外国税額控除です。また、これらを控除する順番も①～⑥の順で行います。なお、相続時精算課税の適用を受けて納めた贈与税は、これら6種類の税額控除の計算の後で、精算する（相続税額から控除する）ことになります。

・贈与税額控除

　相続開始前3年以内に贈与があり、相続税の課税価格に加算した人は、その贈与税相当額が控除されます。また、贈与の際に支払った贈与税額はこの控除で相殺することができます。

・配偶者の税額軽減

　遺産分割が確定し、申告書にその旨を記載していることを要件として、配偶者には特別控除があります。この配偶者の税額軽減を利用できるのは被相続人の戸籍上の配偶者だけです。内縁関係にある配偶者には適用されません。具体的には、取得相続財産のうち法定相続分以下の額か、1億6,000万円までの額のうち、どちらか大きい額に相当する税額までが控除額になります。取得財産がこの範囲内であれば無税です。この場合でも、相続税の申告書は提出する必要があります。

　また、申告期限までに遺産相続協議がまとまらない場合には、申告期限までに所轄の税務署長に遺産分割ができない理由を届け出ます。

これが認められた場合に限って、３年間、配偶者の特別控除の適用を
延長することができます。

・未成年者控除

　法定相続人が未成年者であるときは、未成年者控除が適用されます。
控除額は、満20歳になるまでの年数に10万円を乗じた金額です。

　この場合の年数に１年未満の端数があるときは１年に切り上げます。
たとえば、相続人の年齢が17歳８か月であれば10万円×３年（残り２
年４か月を切り上げ）＝30万円が控除額になります。

　未成年者控除額が、その未成年者本人の相続税額を超える場合は、
その控除不足額をその未成年者の扶養義務者の相続税額から差し引き
ます。なお、法定相続人であることが条件ですが、代襲相続人となっ
た孫やおい、めいなどは控除の対象になります。

・障害者控除

　法定相続人が障害者であるときは、障害者控除が適用されます。控
除額は、満85歳になるまでの年数に10万円（特別障害者は20万円）を
乗じた金額です。年数の端数及び控除不足額が生じたときの取扱いは、
未成年者控除の場合と同様です。

・相次相続控除

　短期間に相次いで相続が発生すると、相続税が大きな負担になりま
す。そのような事態を避けるために設けられたのが「相次相続控除」
です。10年以内に２回以上相続があった場合は、最初の相続の相続税
のうち一定の金額を、２回目の相続の相続税から控除できます。

・外国税額控除

　相続財産の中に外国の財産があったときは、相続人が日本在住の場
合、日本の相続税がかかり、その相続財産がある国でも相続税が課せ
られることがあります。このように二重に課税される事態を避けるた
めに設けられたのが「外国税額控除」です。外国で相続税に相当する
税金を支払っている場合は、日本の相続税額から一定の金額を控除す

ることができます。

◉ 納付税額を確定する

187ページで述べた相続税の総額を実際に相続人が取得した財産に応じて按分した額に、各人の事情に合わせて「2割加算」と「税額控除」を行い、算出された額が、それぞれの相続人の最終的な「納付税額」となります。

■ 主要な相続税の税額控除 ・・・・・・・・・・・・・・・・・・・・・・・・・・・・・・・・・・・・

贈与税額控除	相続開始前3年以内に贈与があり、課税価格に加算した場合は、その贈与税相当額が控除される。
配偶者の税額軽減	法定相続分と1億 6,000 万円のうち大きい額までは非課税(申告期限の 10 か月以内に遺産分割が確定している配偶者が対象)。
未成年者控除	満20歳になるまでの年数1年につき 10 万円を控除。
障害者控除	85 歳になるまでの年数1年につき 10 万円(特別障害者の場合は 20 万円)を控除。

■ 相続人と相続税の2割加算 ・・・・・・・・・・・・・・・・・・・・・・・・・・・・・・・・・・・・

相続人が
・配 偶 者
・子
・父 母

各相続人の税額から税額控除を差し引く

相続人が
・祖父母
・兄弟姉妹
・おい・めいなど
 (配偶者と1等親
 の血族以外の者)

各相続人の税額に2割加算した金額から税額控除を差し引く

17 相続税の取得費加算について知っておこう

相続や贈与にかかる土地や建物の売却には、一定の配慮がなされる

● どんな特例なのか

　相続税は現金で一括して納付することになっているので、相続税を支払うために取得した財産を売却しなければならないことも少なくありません。相続や贈与によって取得した財産には**取得費**がかかっていないため、課税の対象とされる譲渡益も大きなものになります。やむを得ない理由で行われる財産の売却によって生じた利益に対し高額な課税を行うことは合理的ではないため、一定の配慮がなされています。

　相続税の取得費加算は、相続や遺贈によって取得した財産を売却した場合に、相続税の一定額分を取得費に加算して売却益を計算する措置です。ただし、この特例は譲渡所得のみの特例ですので、事業所得、雑所得になる株式等の譲渡については、適用できません。取得費加算の適用を受けるためには以下の要件を満たしていることが必要です。

① 　相続や遺贈により財産を取得した者であること

② 　その財産を取得した人に相続税が課税されていること

③ 　相続開始の日の翌日から相続税の申告期限の翌日以後３年以内に譲渡した財産であること

● どのように計算するのか

　取得費に加算できる金額は、財産を売却した人に課せられた相続税のうち、土地や売却した財産に対応する金額です。売却した財産には、相続時精算課税制度（204ページ）によって相続していた財産や、相続開始前３年以内に贈与を受けていたため、相続税の課税対象となった贈与財産などが含まれます。また、債務を引き継いだ場合、その額

が控除されます。

　取得費に加算することが認められる相続税額計算方法は、以下のとおりです。

　売却したものが土地でも、土地以外の財産でも、相続税額のうち売却した財産に対応した部分が取得費に加算が可能となります。

　相続時の本人の相続税額に、売却した財産の価額÷（相続税課税価額＋債務控除額）の割合を掛けて算出します。ただし、その算出金額がこの特例を適用しないで計算した譲渡益の金額を超える場合は、その譲渡益の金額が加算の上限額になります。

■ 取得費の特例が適用される場合の計算例 ………………………

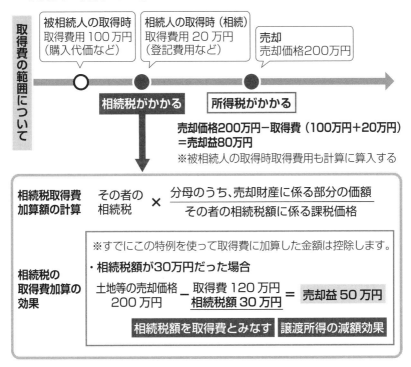

18 相続時精算課税制度とはどんな制度なのか

贈与税と相続税を一体化して捉える制度

● 相続時精算課税制度とは

　贈与税の課税制度には、「暦年課税制度」と「相続時精算課税制度」があります。**暦年課税制度**とは、１月１日から12月31日までの１年間に贈与を受けた財産の合計額から、基礎控除の110万円を控除した残額に課税する制度です。一方、**相続時精算課税制度**は、生前贈与による資産の移転を円滑にすることを目的として、創設された制度です。この制度は、贈与時に贈与財産に対する贈与税を納め、その贈与者の死亡時に、贈与財産の価額と相続財産の価額の合計額をもとに計算した相続税額から、すでに納めた贈与税相当額を控除するものです。つまり、贈与税と相続税の一体化です。

　一度この制度を選択すると、その後同じ贈与者からの贈与について「暦年課税」を選択できなくなってしまうので注意が必要です。

● 相続時精算課税を選択するには

　相続時精算課税制度においては、贈与を受ける財産の種類や金額、贈与回数に制限はありません。しかし、この制度は「高齢者が保有している資産を利用することで、経済の活性化を図ること」などの目的で導入されたものです。そのため、相続時精算課税制度を選択する場合には、次の条件を満たす必要があります。

① 贈与者がその年の１月１日において60歳以上の親、または祖父母である。

② 受贈者がその年の１月１日において20歳以上であり、かつ、贈与者の推定相続人である子どももしくは孫である。

● 相続時精算課税の税額計算

　相続時精算課税の適用を受ける贈与財産については、他の贈与者からの贈与財産と区分して、選択した年以後の各年におけるその贈与者からの贈与財産の価額の合計額をもとに贈与税額を求めます。

　贈与税の額は、贈与財産の課税価格の合計額から特別控除額2,500万円を控除した後の金額に、一律20％の税率を掛けて算出します。この非課税枠2,500万円は、たとえば、ある年に2,000万円、翌年に500万円贈与を受けるという形でもかまいません。ただし、相続時精算課税の適用を受ける場合には、基礎控除額110万円は控除できません。

　また、相続時精算課税は、贈与者ごとに制度の利用を選択することが可能です。たとえば、贈与者Aに対して相続時精算課税を選択した受贈者が、贈与者Bから贈与を受けた財産については暦年課税を選択

■ 暦年贈与課税制度と相続時精算課税制度は選択制 ･･･････････

※相続時精算課税制度の 2,500 万円の非課税枠を一度利用してしまうと、同じ人（親あるいは祖父母）からの贈与については暦年贈与課税制度の年間 110 万円の非課税枠は利用できなくなるため、注意すること

■ 相続時精算課税制度 ･･････････････････････････････････

※ 令和3年12月31日までに住宅用の家屋を取得する契約を締結した場合、要件に応じて300万円〜3000万円の非課税枠がある。

できます。その場合には、贈与者Bから一年間にもらった贈与財産の価額の合計額から基礎控除額110万円を控除し、贈与税の速算表（158ページ）に定める税率を乗じて贈与税額を計算します。

相続時精算課税を選択しようとする受贈者は、対象となる最初の贈与を受けた年の翌年2月1日から3月15日までの間（贈与税の申告期限）に税務署長に対して「相続時精算課税選択届出書」を提出しなければなりません。また、相続時精算課税は、直系尊属から住宅取得等資金の贈与を受けた場合の非課税制度と併用することができます。直系尊属から住宅取得等資金の贈与を受けた場合の非課税制度とは、令和3年12月31日までの間に父母や祖父母など直系尊属から住宅購入資金の提供を受けた場合に、非課税限度額まで贈与税を非課税とする制度です。たとえば、住宅取得資金の贈与額のうち、非課税金額300万円～3,000万円（住宅購入に関する契約日や省エネ対応の有無などにより異なる）と2,500万円の相続時精算課税の特別控除の合計額を超えた額に対して、贈与税が課せられることになります。

なお、相続時精算課税を利用して納付した贈与税額は、相続税の計算の際に控除します。控除の結果、相続時精算課税による贈与税が全額控除しきれずに相続税額がマイナスになる場合には、その控除不足額は還付を受けることになります。

◉ 制度選択時の注意点

相続時精算課税制度を利用する場合の注意点としては、まず、遺留分を考慮するという点があります。

民法では、相続開始前1年以内の贈与財産は、遺留分侵害額請求の対象となります。したがって、相続時精算課税制度により生前贈与を行う場合には、遺留分を考慮した上で行う必要があります。これは、相続税がかからない場合でも同様です。

また、相続時精算課税制度については、相続開始後、他の共同相続

人等に、税務署に対する生前贈与財産の申告内容（贈与税の課税価格合計額）の開示請求が認められています。つまり、被相続人と特定相続人の間での贈与について、他の共同相続人に知られてしまう可能性があるため、他の共同相続人が遺留分侵害額請求を提訴することも考えられます。仮に遺留分侵害にまで至らなくても、遺産分割協議が難航する可能性は十分あります。

　さらに、贈与を受けた人が贈与者よりも先に死亡したときは、死亡した人の相続人が相続時精算課税制度について納税の義務を負うという点にも気をつけなければなりません。たとえば、父親から子どもへ相続時精算課税制度を活用した贈与が行われた後、父親よりも子どもが先に死んでしまった場合、子どもの財産は、その配偶者（つまり、子どもの夫または妻）と子（贈与者の孫）に相続されます。

　一方、その後に父親が死亡した際には、子どもの配偶者は父親の法定相続人ではありませんから、遺言がない限り、父親の財産を相続することはありません。ただ、この場合、配偶者は何も財産を相続しなくても、すでに死亡した自分の配偶者から相続した財産分の相続時精算課税についての納税義務をそのまま承継し、税金を支払わなければなりません。

● 小規模宅地等の特例との併用の可否

　事業用地や居住用の宅地は、相続開始時において200〜400㎡の部分について、その宅地の課税価格の5割または8割の評価減ができる小規模宅地等の特例があります。この特例はその宅地を相続または遺贈により取得した者が適用を受けることができる制度ですから、生前贈与財産については適用できません。将来、相続税の申告において、小規模宅地等の特例を適用したい財産については、相続時精算課税制度の適用は避けるべきです。

19 贈与税のしくみについて知っておこう

本来の贈与ではなくても、みなし贈与財産とされることもある

● 贈与とは

　贈与税は、相続税逃れを防止し、不公平を是正して相続税本来の目的である富の再分配を行うことを目的とした税金です。

　贈与とは、自己の財産を無償で相手方に与える意思表示を行い、相手方がこれを受諾することによって成立する契約です。契約自体は口頭でも成立しますが、税務上のトラブルを避けるには、親子間であっても贈与するたびに契約書を作成しておくことが大切です。贈与した以上は、その財産は子どものものになるわけですから、通帳や印鑑、キャッシュカードは子ども自身が管理するようにします。

● 対象となる財産の範囲は

　贈与税の対象となる財産の範囲は、贈与を受ける人（受贈者）の住所が日本か、海外かによって変わります。受贈者の住所が日本である場合、受け取る財産が世界のどこにあろうとも、その財産は贈与税の対象になります。一方、受贈者の住所が海外の場合、日本国内にある財産に対してだけ贈与税がかかるというのが基本です。ただ、受贈者の住所が海外であっても、国外にある財産にも贈与税がかかることがあります。それは、受贈者または贈与者の住所が贈与をする前の10年以内に日本にあった場合などで、196ページで説明した国外にある財産を相続した場合に発生する相続税とほぼ同じ要件です。

● 本来の贈与財産とは

　本来の贈与財産とは、贈与税が当然に課せられる贈与財産のことで

す。みなし贈与財産に相対する言葉です。経済的価値のあるモノ、つまり、価値がお金に換算できるモノをある人から別の人にあげた場合に、そのあげたモノすべてが本来の贈与財産になります。また、以下の場合にも本来の贈与財産となります。

① 対価の授受はないが、不動産や株式に関して名義変更をした場合

② お金を出した人以外の人の名義で不動産や株式などを取得した場合

③ 相続放棄を除いて共有財産の共有者が持分を放棄した場合

④ 受贈者が経済的な負担をすることを条件に贈与を受ける（負担付贈与）場合で、その負担が第三者の利益となる場合

● みなし贈与財産にはどんなものがあるのか

金銭的にその評価額を見積もることのできる現金、預貯金、土地、建物等をもらった場合は、贈与を受けたことが明白です。それに対し、本来の贈与ではなくても、実質的に贈与を受けたことと同じように経済的利益を受け取った場合には、贈与があったと「みなす」のが**みなし贈与**です。みなし贈与財産とは、具体的には、①借入金の免除、②返済能力がなかったり、返済する意思が初めからない、親族からの借金、③不動産や有価証券の名義変更による取得、④生命保険の保険料の負担者、被保険者、保険金の受取人がすべて違う場合の保険金の受取人が受け取った保険金などです。これらは、基礎控除を超えた金額が贈与税の課税対象になります。

■ みなし贈与財産のしくみ ……………………………………………………

生命保険金	保険金の受取人以外の者が保険料を負担していた場合に保険金を取得したときに課税される
低額譲受け	著しく低い価格で財産を譲り受けた場合に課税される
債務免除益等	債務免除や債務の肩代わりをしてもらったときに課税される

Q 法人からの贈与や香典、祝物、親子間で土地の貸借をするような場合には贈与税がかからないのでしょうか。贈与税が課税されない財産について教えてください。

A 　贈与を受けた場合、原則としてすべての財産に対して贈与税が課税されます。しかし、中にはその財産の性質や贈与の目的などから見て、例外的に贈与税が課税されない財産もあります。

　以下の財産については、贈与税がかからないことになっています。

・**法人からの贈与**

　贈与税は個人間の贈与にかかる税金です。法人から財産の贈与を受けた場合は所得税が課税されます。つまり、この場合には贈与税がかからないだけで、納税自体が免れるわけではありません。

・**扶養義務者からの生活費や教育費**

　両親や夫婦などの扶養義務者から、日常生活に必要な費用や学費、教材費などとして、必要の都度これらに充てるために取得した財産をいいます。名目が生活費や教育費であっても、株式や不動産の購入資金に充てている場合には贈与税がかかることがあります。

・**香典、祝物など**

　個人から受け取る香典、花輪代、年末年始の贈答、祝物または見舞などとして受け取った金品で、常識の範囲内と認められるものです。

・**相続があった年に被相続人から取得した財産**

　相続等により財産を取得した人が、その相続のあった年に被相続人から亡くなる前に贈与として受け取った財産については、贈与税は課税されません。ただし、相続財産として相続税が課税されます。

・**離婚に伴う財産分与で取得した財産**

　離婚した際に財産分与請求権に基づいて取得した財産については、贈与により取得したことにはなりません。

なお、以下の贈与についても非課税となります。

・宗教、学術などの公益事業を行う者が事業のために取得した財産
・奨学金の支給を目的とする特定公益信託などから交付される金品で、一定の要件にあてはまるもの
・地方公共団体の条例によって、精神や身体に障害のある人又はその扶養者が心身障害者共済制度に基づいて支給される給付金を受ける権利
・公職選挙法の適用を受ける選挙の候補者が、選挙運動のために取得した金品で、規定に基づいて報告されているもの
・特別障害者扶養信託契約に基づく信託受益権で一定要件を満たすもの
　この他に、夫婦間の居住用不動産の贈与についても一定範囲内で非

■ 贈与税がかからない贈与 ………………………………

贈与税をかけるにふさわしくない
■扶養義務者からの**生活費や教育費**
■**香典、祝物**など
■**離婚に伴う**財産分与で取得した財産
■宗教・学術などの**公益**事業目的で取得した財産
■**奨学金支給などを目的**とする特定公益信託などから交付される金品で一定の要件を満たすもの
■地方公共団体の条例により、**精神・身体障害者**に支給される給付金
■公職選挙法の適用を受ける立候補者が**選挙運動のために**取得した金品で規定に基づき報告済みのもの
■**特別障害者扶養信託契約**に基づく信託受益件で一定要件を満たすもの

贈与税の対象外
■法人からの贈与（所得税の対象）
■相続があった年に被相続人から取得した財産（相続税の対象）

特例などによる免除
■夫婦間の居住用不動産の贈与（一定範囲内）
■住宅取得資金、教育資金、結婚・子育て資金の贈与で一定要件を満たすもの
■親子間の土地の使用貸借
■親子間の借地権転貸（条件⇒税務署に「借地権の使用貸借に関する確認書」提出）

課税となる「配偶者控除」（215ページ）という特例があります。また、住宅取得資金、教育資金、結婚・子育て資金の贈与については、上記に該当しない場合でも、一定要件を満たすものであれば非課税となる特例制度が別途あります（217 〜 218ページ）。

●親子間で土地の貸借をした場合

　親子間で土地を貸し借りした場合についてみていきましょう。たとえば、親名義の土地に子どもが家を建てて住む場合は、親は子どもに無償で土地を貸しているということになります。このように、無償で土地を貸し借りすることを「使用貸借」といいます。個人間の使用貸借の場合は、「借地権」は発生しませんので、贈与税が課税されることはありません。

　親が亡くなって、子どもが使用貸借していた土地を相続する場合は、借地権が設定されていないため、土地の評価はそのまま自用地（他人の権利の目的となっていない更地）としての評価となります。

　では、親が他人から「借りている」土地に、子どもが家を建てて住む場合はどうなるのでしょうか。これは、親の借地権を子どもが無償で借りているということになります。

　親が借地を子どもに転貸した場合、地主、借地人である親、土地を使用する子どもの三者が合意していることが前提ですが、税務署に「借地権の使用貸借に関する確認書」を提出しておくと、贈与税は課税されません。

　この場合、親が亡くなった後は、借地権が相続財産となります。借地権の評価方法は、その土地の自用地としての評価額に「借地権割合」を乗じて計算した金額です。

20 贈与税を計算してみよう

相続税に比べて非常にシンプルである

● 贈与税の計算手順とは

　贈与税の計算は、以下の2つの手順を踏みます。

① 課税価格の計算

　まず、毎年1月1日から12月31日までの間に贈与された財産の課税価格を求めます。

　複数の人から贈与された場合には、その全員からの贈与の合計額が課税価格になります。贈与された財産が土地や有価証券などの財産である場合は、相続税と同様に評価します。そこから110万円の基礎控除額を差し引くことができます。

　2人以上から贈与を受けたときは、贈与者それぞれから110万円を差し引くのではなく、贈与を受けた1人につき1年間で110万円の基礎控除額を差し引くことになります。

　したがって、年間に贈与された額が110万円以下であれば贈与税は課税されません。

　ただし、課税価格を計算する上で注意しなければならないことが1点あります。それは「負担付贈与」と「個人間の対価を伴う贈与」によって取得した株式および不動産は、贈与時の時価で評価するということです。

　負担付贈与とは、財産と借入金をいっしょに贈与する場合を指します。たとえば、株式購入の資金としてお金を借りたが、その株式と借入金をいっしょに贈与するような場合です。また、**個人間の対価を伴う贈与**とは、財産を贈与する代わりに贈与を受ける人に経済的な対価を要求する場合です。たとえば、不動産を贈与する条件として、贈与

を受けた人が他の人にいくらかのお金を支払うといったケースがあります。具体的には、父親が兄弟の兄のほうに土地を贈与する代わりに兄から弟にお金を渡すといったケースです。

② **贈与税額の計算**

　課税価格から基礎控除を除いた金額を計算した後に、贈与税額の計算を行います。暦年課税は、課税価格から基礎控除額を差し引いた残額に税率を掛けて贈与税額を算出します。贈与税の計算は以上で完了です。相続税を算出する場合は、課税価格の合計の計算、相続税の総額の計算、それぞれの相続人の納付税額の計算と3つのプロセスを踏まなければなりませんが、贈与税の場合は、極めてわかりやすいシンプルな方法で算出できます。

　なお、贈与税の計算には、配偶者控除の特例、相続時精算課税制度といった特例があるため、税額の計算の際、これらの特例で算定を行うこともあります。

■ **贈与税の計算方法** ···

```
┌─ 原則 ----- 暦年課税制度
│             ( 贈与を受けた  + みなし財産 - 非課税財産 )
│               財産の合計額
│               - 基礎控除額（110万円）= 課税価格
│             課税価格 × 税率 = 贈与税額
│
│             （例）現金350万円の贈与を受けた場合
│                   課税価格 = 350万円 -110万円 = 240万円
│                   贈与税額は速算表より
│                   240万円 × 15% -10万円 = 26万円
│
└─ 特例 ─┬─ 配 偶 者 控 除
         └─ 相続時精算課税制度
```

21 贈与税についての様々な特例を知っておこう

居住用不動産またはその取得資金2,000万円まで控除できる

● 配偶者控除とは

贈与税の税額を算出する際には、基礎控除額110万円の他に、配偶者からの贈与については、さらに配偶者控除（最高2,000万円）を差し引くことができます。したがって、配偶者控除を受ける年は、基礎控除額と合計した2,110万円まで無税ということになります。

また、相続開始前3年以内に贈与された財産は、相続財産の課税価格に加算されるという規定がありますが、配偶者控除を受けた場合の控除額に相当する部分は、加算する必要はありません。つまり、相続税が課税されないこととなっています。ただし、夫婦といっても、内縁関係であるだけでは適用を受けることができません。また、不動産取得税や登録免許税は課税されますので注意してください。

● 特例を受けるための条件

この特例の適用を受けるためには、次の条件をすべて満たさなければなりません。

①その夫婦の婚姻期間（入籍日から居住用不動産または金銭の贈与があった日まで）が20年以上であること、②居住用不動産または居住用不動産を取得するための金銭の贈与であること、③贈与を受けた配偶者が、翌年3月15日までにその居住用不動産に居住し、その後も住み続ける予定であること、④同じ配偶者から過去にこの特例を受けていないこと、⑤贈与税の確定申告をすること。

前述した④の要件は、同じ配偶者の間では一生に一度しか適用を受けることができません。また、⑤の要件の申告書には、以下の書類を

添付する必要があります。

ⓐ　戸籍謄本または抄本と戸籍の附票の写し

ⓑ　所有権の移転登記後の居住用不動産の登記事項証明書

ⓒ　住民票の写しなど

　なお、居住用不動産の贈与と居住用不動産を取得するための金銭の贈与のどちらが有利かと言えば、居住用不動産の贈与のほうが有利です。贈与する不動産の価格は相続税評価額となりますので、土地の場合は路線価（実勢価格の8割程度）、建物の場合は固定資産税評価額（建築費の5〜7割）に対しての贈与税の課税ですむからです。

● 居住用不動産の範囲とは

　配偶者控除の対象となる居住用不動産は、贈与を受けた夫や妻が住むための国内の家屋またはその家屋の敷地であることが条件です。居住用家屋の敷地には借地権も含まれます。

　なお、居住用家屋とその敷地は一括して贈与を受ける必要はありません。居住用家屋だけや居住用家屋の敷地だけの贈与を受けることができます。この居住用家屋の敷地だけの贈与を受けるときは、その家屋の所有者が次の①または②のいずれかの条件にあてはまることが必要です。

①　夫または妻が居住用家屋を所有していること

②　贈与を受けた配偶者と同居する親族が居住用家屋を所有していること

　また、店舗兼住宅である不動産の場合であっても、居住用の面積が90％以上であれば、全部が居住用不動産として特例が受けられます。90％を下回る場合には、面積比で、居住用部分相当に対して、この特例を受けることができます。店舗兼住宅の敷地のみを取得した場合でも、一定の要件を満たした場合には、居住用部分の敷地に対して、この特例を受けることができます。

🔵 住宅取得等資金の贈与を受けた場合の非課税制度

　平成27年1月1日から令和3年12月31日までの間に、自己の直系尊属から住宅取得等資金の贈与を受け、贈与を受けた人が新築等の住宅用家屋を取得した場合に適用を受けることができます。

　非課税を受けられる金額は、令和2年4月1日以降に新築等に関する契約を行った場合には、省エネ等の住宅用家屋の種類、購入の際に適用される消費税率により、500万円～1,500万円です。

🔵 教育資金の一括贈与に係る非課税措置

　両親や祖父母などの直系尊属が、平成25年4月1日から令和5年3月31日までの間に、30歳未満の子や孫の将来の教育資金のために金融機関に信託等をしたものであれば、一定の手続きを行うことで最高1,500万円まで非課税となります。非課税措置の対象となるためには、金銭の贈与を受ける人は、金融機関を経由して「教育資金非課税申告

■ 配偶者控除の特例 ……………………………………………

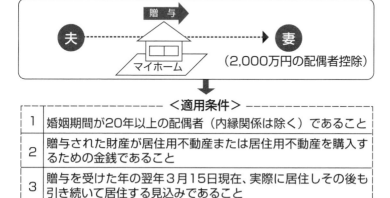

	<適用条件>
1	婚姻期間が20年以上の配偶者（内縁関係は除く）であること
2	贈与された財産が居住用不動産または居住用不動産を購入するための金銭であること
3	贈与を受けた年の翌年3月15日現在、実際に居住しその後も引き続いて居住する見込みであること
4	過去に同じ配偶者からの贈与について配偶者控除を受けたことがないこと
5	必ず申告をすること（一定の書類の添付が必要）

書」を所轄の税務署長に提出し、またその金銭が教育資金のために支払われたことを証明する書類（領収書等）を金融機関に提出する必要があります。

　また、この他、主に次の点に留意する必要があります。

・平成31年4月1日以降の贈与で、贈与があった年の前年の受贈者の合計所得金額が1,000万円を超える場合には、この非課税措置の適用はできない

・令和元年7月1日以降の贈与で、23歳以上の者に対する学校等以外に支払われるもので、教育訓練給付金の支給対象とならない受講費用は、この非課税措置の適用はできない

・令和元年7月1日以降に30歳に達していても、学校等に在学中または教育訓練給付金の支給対象となる教育訓練の受講中は、信託残高に対する贈与税は非課税となる

・令和3年4月1日以降の贈与で、23歳以上の者に対する学校等以外に支払われるもので、教育訓練給付金の支給対象とならない受講費用に関して、教育資金管理契約終了日までに贈与者が死亡した場合には、信託した日からその死亡日までの年数にかかわらず、同日現在の信託残高を受贈者が相続等により取得したものとみなされる

● 結婚・子育て資金の一括贈与に係る非課税措置

　20歳以上50歳未満の者が、その直系尊属より、平成27年4月1日から令和5年3月31日までの間に、結婚・子育ての支払いに充てるための資金の贈与を受けた場合、1,000万円（結婚資金は300万円）までは非課税となります。

　この制度も、金融機関を利用して信託等を行い、非課税申告書を税務署へ提出するなどの一定の手続きが必要です。また、平成31年4月1日以降の贈与においては、贈与があった年の前年の受贈者の合計所得金額が1,000万円を超える場合には、この非課税措置の適用はできません。

相続税・贈与税の申告方法について知っておこう

相続税も贈与税も申告納税方式による

● 相続税の申告

　相続税の申告をするときは、被相続人が死亡したときの住所地を管轄する税務署に相続税の申告書を提出します。

　相続または遺贈によって取得した財産（死亡前3年以内の贈与財産を含みます）および相続時精算課税の適用を受ける財産の額の合計額が基礎控除額以下のときは、相続税の申告も納税も必要ありません（相続時精算課税を利用したことにより贈与税額を納付しているのであれば、還付を受ける申告をすることもできます）。

　しかし、配偶者に対する相続税額の軽減や小規模宅地等の特例は、申告することで初めて適用になります。したがって、これらを適用する場合は相続税がゼロのときでも申告する必要があります。

　相続税の申告期限および納付期限は、相続の開始（被相続人の死亡）を知った日の翌日から10か月以内です。申告期限までに申告しなかったり、実際にもらった財産より少ない額で申告した場合には、罰

■ 相続のスケジュール

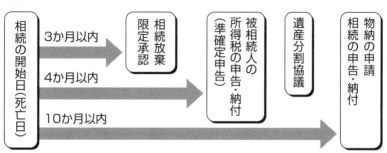

相続の開始日（死亡日）
→ 3か月以内 → 相続放棄　限定承認
→ 4か月以内 → 被相続人の所得税の申告・納付（準確定申告）
遺産分割協議
→ 10か月以内 → 物納の申請　相続の申告・納付

金的な性格の加算税が課税されます。また、期限までに納めなかった
ときは、利息にあたる延滞税が課税されます。

　相続税も金銭での一括納付が原則ですが、延納や物納の制度（222
〜224ページ）もあります。延納は何年かに分けて納める制度で、物
納は相続などでもらった財産そのものを納める制度です。延納、物納
を希望する人は、申告書の提出期限までに税務署に申請書を提出して
許可を受ける必要があります。もっとも、相続税の申告が終わった後
で、相続財産の漏れや計算の間違いに気がつくことがあります。この
場合、申告内容を訂正する修正申告が必要です。修正申告には期限は
ありません。自分で気がついて修正申告した場合にはペナルティもあ
りません。ただし、税務調査によって相続財産の申告漏れが発覚した
場合には、納税額の10%の過少申告加算税と延滞税が課されます。さ
らに、相続財産の隠ぺいが発覚した場合は、**重加算税**が課されます。

　重加算税の税率は、納税額の40%と非常に高くなっています。逆に
税金を過大に申告したことに後で気づいた場合には、更正の請求をす
ることで取り戻すことができます。更正の請求ができるのは、相続税
の申告期限から5年以内です。

🔘 準確定申告とは

　生前、確定申告していた人、あるいは確定申告をする必要があった
人が死亡した場合、相続税の申告の他に、相続人は共同で死亡した人
の所得の確定申告をしなければなりません。これを**準確定申告**といい
ます。準確定申告では、1月1日から死亡した日までに確定した所得
金額及び税額を算定し、申告・納付します。申告期限および納付期限
は、相続の開始があったことを知った日の翌日から4か月以内です。

🔘 贈与税の申告

　贈与税の申告をするときは、贈与した人の住所地ではなく、贈与を

受けた人の住所地を管轄する税務署に申告書を提出します。贈与を受けた額が基礎控除額以下であるときは、贈与税の申告は必要ありません。しかし、贈与税の配偶者控除や相続時精算課税制度の適用を受ける場合は贈与税がゼロでも申告する必要があります。

　贈与税の申告期限および納付期限は、贈与を受けた年の翌年の2月1日から3月15日の間です。申告期限までに申告しなかった場合や実際にもらった額より少ない額で申告した場合には、本来の税金以外に罰金的な性格の加算税がかかります。また、納税が期限に遅れた場合は、その遅れた税額に対して利息にあたる延滞税がかかります。贈与税も他の税金と同じく金銭で一時に納めるのが原則です。

◉ 贈与税の申告内容の開示請求

　相続・遺贈（相続時精算課税の適用を受ける財産についての贈与を含みます）によって財産を取得した人は、他の共同相続人等（その相続・遺贈によって財産を取得した他の人のこと）がいる場合には、被相続人についての相続税の期限内申告書、期限後申告書もしくは修正申告書の提出または更正の請求に必要となるときに限って、贈与税の申告内容の開示の請求をすることができます。

■ 相続税・贈与税の申告 ······························

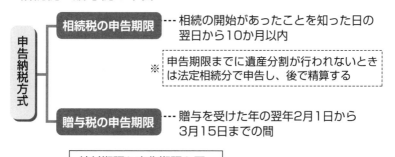

申告納税方式

相続税の申告期限 ··· 相続の開始があったことを知った日の翌日から10か月以内

※ 申告期限までに遺産分割が行われないときは法定相続分で申告し、後で精算する

贈与税の申告期限 ··· 贈与を受けた年の翌年2月1日から3月15日までの間

納付期限も申告期限と同一

相続税の延納と物納について知っておこう

物納とは相続税を金銭以外の財産で納付することである

● 続税の延納とは

　納付期限までに金銭により相続税を納めることができないときは、一定の要件を満たした場合に限り、延納または物納が認められます。

　相続税の延納とは、相続税を一度に全額を払えないときに、毎年一定額ずつ支払っていくことです。延納をするには、以下の要件を満たすことが必要です。

・納付する金額が10万円を超えること

・金銭で一度に納付することが難しい理由があること

・延納税額に見合う担保を提供すること（担保に提供できるものは国債などの有価証券や土地などの一定のものに限られています。なお、延納する税額が100万円以下で、かつ、延納期間が３年以内の場合には担保は不要です）

・相続税の納期限（相続の開始を知った日の翌日から10か月以内）までに延納申請書を提出すること

　税務署は、提出のあった書類の内容を調査した後に、適正であれば許可の通知をします。延納できる期間は、原則として５年以内ですが、不動産等の占める割合によっては10年から20年まで延長することができます。有価証券や現金、預金といった動産と比べると、不動産は換金化が難しいと考えられるためです。また、延納の場合には、相続税額と延納期間に応じて利息がかかります。これを利子税といいます。利子税についても、不動産等の占める割合が高いほど低く設定されています。延納の利子税率より金融機関からの借入金利率が低い時は、延納をやめて金融機関から借りて払ってしまうのも得策です。

なお、初めに延納を選択した場合でも、一定の条件にあえば後から物納に切り替えることもできます。具体的には、延納の許可を受けた後で支払いが難しくなったなど、延納する約束が守れなくなった場合に、申告期限から10年以内であれば、まだ納めていない税金分に関して延納から物納に変更できます。また、反対に物納から延納に切り替えることも可能です。

● 相続税の物納とは

　税金は、金銭で納付することが原則ですが、不動産しか相続しなかった場合など、相続税を延納によっても金銭で納付することが困難な場合には、申請により物納をすることができます。

　物納は、納税者の売り急ぎによる不利益を回避するために設けられている制度です。たとえば、相続税が課税された土地を、被相続人の死亡時の路線価等で評価した額で納税する方法です。路線価等で評価した額が実際の売却予定額を上回る状況では物納が有利になります。

　物納の要件は、①延納によっても金銭で納付することが困難な事情があること、②納期限または納付すべき日（物納申請期限）までに物納申請書に物納手続関係書類を添付して提出すること、です。

　ただし、物納申請期限までに物納手続関係書類を提出することができない場合は、「物納手続関係書類提出期限延長届出書」を提出することにより、1回につき3か月を限度として、最長で1年まで物納手続関係書類の提出期限を延長することができます。物納申請書が提出された場合には、税務署では、その物納申請に係る要件の調査結果に基づいて、物納申請期限から3か月以内に許可または却下を行います。申請財産の状況によっては、許可または却下までの期間を最長で9か月まで延長する場合があります。

　なお、物納できない財産もあり、物納できる財産についても物納に充てる際の優先順位が決まっています（次ページ図）。

● 延納・物納手続きを利用する場合の添付書類

　延納または物納をする場合は、定められた書類を提出することが必要です。延納が認められる要件の中には、金銭納付が困難である事情があることおよび担保を提供することが含まれています。そのため、延納申請する時は、「延納申請書」の他、「金銭納付を困難とする理由書」「延納申請書別紙（担保目録および担保提供書）」「不動産等の財産の明細書」「担保提供関係書類」を提出することになります。「担保提供関係書類」は担保財産の種類によって異なり、たとえば土地であれば「登記事項証明書」や「固定資産税評価明細書」などが必要になります。

　物納が認められる要件の中には、延納と同じように、金銭納付が困難である事情があること、という内容が含まれています。一方で、延納とは異なり財産により相続税を納付することから、申請財産が物納適格財産であり、かつ、定められた順位によっている必要もあります。そのため、物納を申請する時は、「物納申請書」「金銭納付を困難とする理由書」の他、「物納財産目録」「物納手続関係書類」を提出することになります。「物納手続関係書類」は財産の種類に応じて異なりますが、たとえば土地であれば「登記事項証明書」「地積測量図」「公図の写し」などを提出します。

■ 物納できる財産とできない財産 ……………………………………

物納できる財産	物納できない財産
物納の順位↓ ① 国債・地方債・不動産・船舶・上場株式 ② 非上場株式など ③ 動産	・抵当権がついている不動産 ・共有財産 ・所有権の帰属について争いのある財産　　　など

第7章

その他の税金のしくみ

1 個人住民税について知っておこう

道府県民税と市町村民税を合わせたもの

● 住民税とは

住民税には個人住民税と法人住民税の2つがあります。個人の住民税は道府県民税（東京都は都民税）と市町村民税（東京都23区は特別区民税）からなります。一般に住民税と呼んでいるものは、道府県民税と市町村民税を合わせたものです。個人住民税は、その年の1月1日現在の住所地で、前年の1月から12月までの1年間の所得に対して課税されます。個人住民税の主なものには所得割と均等割があります。

所得割は、所得に対して課税されるもので税率は一律10％（道府県民税4％、市町村民税6％）です。ただし条例などで変更することは可能となっています。最終的な所得割は、所得に税率を掛けた金額から税額控除を差し引くことで算定されます。税額控除には、一定の配当所得がある場合に適用できる配当控除、外国で所得が生じており、かつ、その国で所得税等の税金が課されている場合に適用できる外国税額控除、地方自治体等に2,000円を超える寄附金を支払った場合に適用できる寄附金控除などがあります。なお、所得税の計算で住宅ローン控除を受けている場合において、所得税から控除しきれなかった金額がある場合は、住民税の所得割から控除することができます。

均等割は、所得に関係なく、1月1日現在で住所がある個人に対して、その住所を有する都道府県及び市町村が均一に課すものです。事務所や家屋敷を持っていれば、同じ市町村内に住所がなくとも均等割が課税されることになります。

税額は、道府県民税が1,000円、市町村民税は3,000円とされていましたが、平成26年度から10年間はそれぞれ500円引き上げられています。

その他にも、支払を受ける預貯金の利子に課される**利子割**（道府県民税のみ）、支払を受ける上場株式の配当などに課される**配当割**（道府県民税のみ）と証券会社などに設けた特定口座（源泉徴収を選択したものに限ります）内の上場株式等の譲渡益に課される**株式等譲渡所得割**（道府県民税のみ）があります。

・**利子割**

　金融機関が個人に対して利子を支払う場合には、5％分を特別徴収します。なお、法人に対しては利子割は発生しません。

・**配当割**

　上場会社が配当等を支払う際に5％分（所得税、復興特別所得税と合わせて20.315％）を特別徴収します。

・**株式等譲渡所得割**

　株式の譲渡による所得の支払いをする証券会社等が譲渡による所得等の額の5％分（所得税、復興特別所得税と合わせて20.315％）を特別徴収することで、それぞれ都道府県に納付します。

　前年に所得があった人は市区町村に住民税の申告をしますが、税務署に所得税の確定申告書を提出した人は市区町村への申告は必要ありません。また、会社員などについては、会社から市区町村へ「給与支払報告書」が提出されますので、一般的には住民税の申告をする必要

■ **個人住民税のしくみ** ……………………………………………

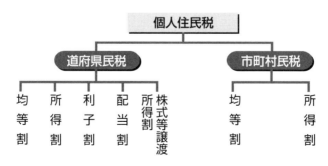

はありません。

● 普通徴収と特別徴収の違い

　個人住民税は、所得や家族の状況によって、均等割と所得割のどちらも課税されない人や、均等割だけが課税され、所得割が課税されない人がいます。

　自営業の人や住民税を給与から差し引かれていない人には、「住民税の納税通知書と納付書」が毎年6月初旬頃市町村から自宅へ郵送されるので、その通知された税額を6月、8月、10月、翌年1月の年4回に分けて納めます。このように個人で納める方法を「普通徴収」といいます。

　これに対して、会社員については、一般的に「住民税の税額通知書」が毎年5月初旬頃、市区町村から会社宛に郵送されるので、会社は、その通知された税額を6月から翌年5月までの12回、毎月の給与から天引きして市区町村へ納付します。このように給与から天引きして会社が納める方法を**特別徴収**といいます。

　なお、退職所得については原則として退職金等の収入金額から、所得税法で定められた控除額を差し引いた残りの2分の1に対して、10%が個人住民税として特別徴収されます。

● 給与の源泉徴収と特別徴収の違い

　会社員の場合は、毎月の給与より所得税は源泉徴収として、住民税は特別徴収として天引きされます。しかし、新入社員の場合には、初任給を受け取るときから所得税が源泉徴収されますが、住民税は所得金額を確定した翌年の6月から住民税が徴収されるので、入社した年のその翌年の5月までは住民税が徴収されません。このように住民税は、所得の期間とこれに対応する住民税の支払期間との間でタイムラグが生じるということになります。

2 自動車にかかる税金について知っておこう

自動車の取得や保有にはいろいろな税金がかかる

◉ 自動車税とは

　自動車には、消費税の他に自動車税、軽自動車税、自動車重量税などが課されますが、代表的なのは**自動車税**です。自動車税は、自動車を保有していることに対してかかる財産税という位置付けの都道府県税です。

　自動車税（種別割）は、毎年4月1日時点の自動車の所有者に課される税金で、納税義務者に5月31日期限の納付書が送られてきます。納付書には証明書がついていて、納付しないと車検が受けられないしくみになっています。自動車税の対象となる自動車は、乗用者・トラック・バスで、税額は自家用、営業用の区分と総排気量で決まります。

◉ 自動車税・軽自動車税の種別割と環境性能割

　軽自動車税と自動車税は、共に「種別割」と「環境性能割」で構成されています。

　種別割は、自動車や軽自動車の所有者に対して課税されるものです。自動車税の排気量等に応じて毎年課税される自動車税は、令和元年10月より、従来の自動車税から「自動車税種別割」に名称変更されています。また、軽自動車についても、それ以前に施行されていた軽自動車税から「種別割」へと名称変更されています。

　環境性能割とは、令和元年9月まで適用されていた自動車取得税に代わって、令和元年10月より導入された税金です。特殊自動車を除く自動車を取得したときに課税される都道府県税で、取得価額が50万円以下であれば免税という点は、自動車取得税と変わりません。燃費性

能の良い車は税負担が軽くなり、燃費性能の悪い車は税負担が重くなる性質をもつ税金で、たとえば自家用乗用車については、令和2年度燃費基準を達成しており、かつ令和12年度燃費基準に対する達成の程度が85％以上では非課税、75％以上では税率1％、60％以上では税率2％といった要件が詳細に定められています。

● 自動車重量税は新車登録や車検時に納付する

自動車重量税とは、自動車の重量に対して課せられる国税です。新しく車を登録する新規登録や継続検査（車検）のときなどに納めます。

自動車重量税は、自動車検査証の交付等または車両番号の指定を受ける時までに、原則として、その税額に相当する金額の自動車重量税印紙を自動車重量税納付書に貼って納付します。税率は車の重さによって異なり、税額は年額で定められていて、乗用車は車の重量（車両重量）に対して課税されますが、トラック・ライトバンなどの貨物車は車両総重量（車両重量+最大積載量+乗車定員の重さ）に対して課税されます。また、小型二輪車及び軽自動車は1台ごとに定額で定められています。

低公害車は、平成24年5月1日以降に新車新規検査の際に納付すべき税額について減免または免除される他、中古取得の場合も、期間内に受ける車検の際の重量税が50％または75％減税となります（エコカー減税）。平成26年度の税制改正では、低公害車に対しては2回目の車検まで免除されるなど、さらに拡充されています。

また、自動車重量税については、使用済自動車の不法投棄の防止及びリサイクル促進という観点から、自動車検査証の有効期間内に使用済みとなり、使用済自動車の再資源化等に関する法律（自動車リサイクル法）に基づいて適正に解体された自動車について自動車重量税の還付措置が設けられています。車検残存期間が1か月以上の場合は、申請により残存期間に相当する金額が還付されます。

● 優遇措置について

　環境負担の少ない電気自動車やハイブリッド車などを対象に優遇措置がとられています。優遇措置には、自動車重量税を対象とした「エコカー減税」と、自動車税種別割を対象とした「グリーン化税制」の大きく2種類があります。

　エコカー減税については、令和3年度税制改正により令和5年4月30日までに受ける新車検査や車検の際に減税あるいは免税の適用となっています。

　グリーン化税制は、自動車所有者に対し毎年課される自動車税種別割について、その車の環境負荷の度合いに応じて優遇と重課を設けた措置です。排出ガス性能及び燃費性能の優れた環境負荷の少ない自動車に対しては、登録した翌年度の自動車税が、おおむね50%から75%軽減されます。

　反対に、新車新規登録（初度登録）から一定年数を経過した環境負荷の大きい自動車は税率を重くしています。地球温暖化防止及び大気汚染防止の観点から、環境にやさしい自動車の開発・普及の促進を図るための措置です。このグリーン化税制は、令和5年3月31日まで適

■ 自動車にかかる税金 ………………………………………………

	課税対象	納付時期
自動車税環境性能割（※）	特殊自動車を除く自動車を取得した人	自動車の新規登録または移転登録をするときに納付
自動車重量税	自動車の重量	自動車の新規登録や車検のときなどに納付
自動車税種別割	毎年4月1日時点の自動車の所有者	送付された納税通知書により、毎年5月31日までに納付
消費税	自動車を取得した人	取得時（売手が預かって納付）

※令和元年9月までの自動車取得税が廃止され、令和元年10月より自動車税環境性能割が新設された

用されます。優遇措置にはその他にも、「ASV・バリアフリー車両減税」などがあります。

　ASV車両減税（先進安全自動車に対する税制特例）及びバリアフリー車両減税も令和3年度税制改正により、自動車税（環境性能割）については令和5年3月31日まで、自動車重量税については令和6年3月31日まで適用されます。対象となる自動車がエコカー減税やバリアフリー減税、ASV減税の対象になる場合は、自動車重量税は軽減税率の高い減税が優先（同率の場合はエコカー減税優先）されます。また、自動車税（環境性能割）についてはエコカー減税、バリアフリー減税、ASV減税のうちいずれかを選択することが可能です。

■ **毎年発生する自動車税種別割の金額** ……………………………

排気量	自動車税種別割
軽自動車	営業用　6,900円（自家用10,800円）
1000cc 以下	営業用　7,500円（自家用25,000円）
1000cc 超 1500cc 以下	営業用　8,500円（自家用30,500円）
1500cc 超 2000cc 以下	営業用　9,500円（自家用36,000円）
2000cc 超 2500cc 以下	営業用13,800円（自家用43,500円）
2500cc 超 3000cc 以下	営業用15,700円（自家用50,000円）
3000cc 超 3500cc 以下	営業用17,900円（自家用57,000円）
3500cc 超 4000cc 以下	営業用20,500円（自家用65,500円）
4000cc 超 4500cc 以下	営業用23,600円（自家用75,500円）
4500cc 超 6000cc 以下	営業用27,200円（自家用87,000円）
6000cc 超	営業用40,700円（自家用110,000円）

Q 関税とはどんな税金なのでしょうか。

A **関税**とは、モノが国境を超えるときに課される税金です。目的は、国の収入の確保、国内の産業保護などです。

関税の税率は、法律または条約で定められています。法律で定められた国定税率は、関税定率法と関税暫定措置法に基づいています。品目ごとの具体的な税率は実行関税率表などで確認できます。一般に輸入者自らあるいは通関業者に依頼して申告納付します。

国家の財政規模が巨大になり、国内の徴税体制が整備されるのに伴い、財源調達手段としての関税の役割は相対的に小さくなっていますが、今日の厳しい財政事情の下、約1兆円の関税収入（その他内国税を含めた税関における収納税額は約4兆円）は、重要な税収のひとつとなっています。

輸入品に関税が課されると、その分だけコストが増加し、国産品に対して競争力が低下します。ここから、関税の国内産業保護という機能が生まれます。現在では、関税の機能として国内産業保護が中心となっており、これを保護関税といいます。たとえば、ある商品の国産品価格を11万円、輸入品価格を10万円とします。このままでは、国内需要者は安価な輸入品だけを購入することになります。そこで輸入品に10％の関税を課したとすると、輸入品の国内価格は11万円となり、国産品は輸入品と対等に競争できるようになります。

個々の品目の輸入を調整する手段としては、関税の他にも、輸入禁止や輸入数量制限といったものがあり、輸入禁止はそれらの中で最も強力な手段です。輸入数量制限とは、ある商品について一定期間の輸入量を決め、それ以上の輸入を認めない方式です。

酒税・たばこ税について教えてください。

A 　酒税は「酒類」に課税される国税です。酒税は出荷時に課税され、その分が価格に上乗せされ、消費者が購入時に酒税を負担していることになります。酒類とは、アルコール分1度以上の飲料、または溶かすことによりアルコール分1度以上の飲料になる粉末状のものと定義されています。

　また、酒類はその製法や性状などにより4種類に分類され、原則としてその分類ごとに適用される税率が決まります。令和2年10月1日以降では、ビール350mlあたり70円、発泡酒（麦芽比率25％未満）350mlあたり47円、清酒720mlあたり79.2円、果実酒720mlあたり64.8円などです。なお、酒税法の改正により、酒税の税率は今後段階的（令和5年10月1日、令和8年10月1日）に変更されることとなっています。また、特産の地ビールを後押しする観点などから、果実、香料をビールの副原料に追加し、麦芽比率も50％以上（従来は67％以上）に引き下げられています。

　お酒に税金がかけられる主な理由としては、①嗜好品であり、消費量が多く大きな税収を得られる、②適量以上の過大な消費を抑制し、国民の健康維持に役立つ、などが挙げられます。

　たばこ税は「たばこ」に課税される国税、地方税（道府県たばこ税と市町村たばこ税）とたばこ特別税です。国税の部分は、たばこの製造業者や輸入業者が納税していて、道府県たばこ税や市町村たばこ税の部分は、卸売業者から小売業者に引き渡された時点で課税されます。

③ その他どんな都道府県税・市町村税があるのか

納税義務者・担税者と納付方法をおさえておく

● 事業所税、ゴルフ場利用税、狩猟税などいろいろある

前述した以外にもいろいろな種類の税金があります。

・ゴルフ場利用税

ゴルフ場の利用という行為に対して課されます。ゴルフ場利用税は、ゴルフ場を利用した者からゴルフ場の経営者が税金を預かり納めることになります。納める額は、ゴルフ場の規模や整備状況などにより等級が定められており、利用日数に応じて課税されます。18歳未満または70歳以上のゴルフ場利用者に対しては、ゴルフ場利用税は課されません。

・狩猟税

狩猟者の登録を受け、狩猟ができる資格を得ることに対して課される税金です。狩猟者の登録を行うときに納税し、納められた税金は、鳥獣の保護等のための財源となります。納める額は、狩猟免許の種類に応じて定められています。

・鉱区税

鉱区に対し面積を課税標準として、その鉱業権者に課される税金です。

鉱物を掘採する権利が与えられていることから課税されるものです。納める額は、砂鉱を目的とするかどうかといった鉱区の種類ごとに異なります。鉱区税は、送付された納税通知書によって、5月1日から31日までの間に納付します。

・事業所税

一定規模以上の事業を行う事業主に対して課税される税金で、事業所等の床面積を対象とする資産割と従業者の給与総額を対象とする従

業者割とに分かれます。都市環境の整備及び改善のための財源にあてる目的税であり、地方税法で定められた都市だけに課税されます。東京都の場合は、23区や武蔵野市、三鷹市といった都市において事業所税が課されます。個人の場合は翌年の３月15日までに、法人の場合は事業年度が終了してから２か月以内に税額を申告し、納付します。

・鉱産税

　鉱物の採掘の事業に対して、採掘した鉱物の価格を課税標準として課税されます。税額は、鉱物の価格に税率１％を掛けて算出します。納付は１か月単位で行い、月初から月末までに採掘した鉱物について、翌月末日までに申告、納付します。

■ 都道府県税・市町村税の納税義務者・担税者と納付方法 ……

税　　目	納税義務者・担税者	納付方法
個人住民税	個人	特別徴収・普通徴収
法人住民税	法人	申告納付
固定資産税	固定資産を所有している人	普通徴収
都市計画税	固定資産を所有している人	普通徴収
自動車税	毎年４月１日に自動車を所有している人	普通徴収・証紙徴収
軽自動車税	毎年４月１日に軽自動車を所有している人	普通徴収・証紙徴収
自動車取得税	自動車を取得した人	申告納付・証紙徴収
不動産取得税	土地・建物を取得した人	普通徴収
ゴルフ場利用税	ゴルフ場の利用者	申告納付
狩猟税	狩猟者の登録を受ける人	証紙徴収
鉱区税	鉱区を持っている鉱業権者	普通徴収
事業所税	一定規模以上の事業を行う事業主	申告納付
鉱産税	掘採事業を行う鉱業者	申告納付

第8章

源泉徴収・確定申告の
手続き

所得税の源泉徴収事務について知っておこう

給与や賞与の支払いごとに所得税を差し引くことになる

● 所得税の源泉徴収とは何か

　労働者が会社などで働いて得たお金（給与所得）には税金（所得税）が課されます。

　給与所得については会社などの事業所が労働者に給与や賞与を支払うごとに所得税を徴収し、国に納付します（**源泉徴収制度**）。ただ、所得税は1年間（暦年、1月1日～12月31日）に得た所得に対して課される税金ですから、給与や賞与の支払いのつど源泉徴収した所得税は、あくまでも概算にすぎません。そこで、概算で徴収した所得税について、1年が終わってその年の給与所得が確定した時点で精算する必要があります。この精算手続きのことを**年末調整**といいます。年末調整により、1年間の納税額の不足が判明した場合は、その不足額が追加で徴収されます。逆に、過大に徴収していた場合は、過納額が還付されます。

　年末調整では、給与や賞与の支払われたときには考慮されなかった個人的事情（配偶者や扶養親族の増減など）についても反映し、その人が1年間に納めるべき正確な所得税を計算することになります。

● 源泉徴収した所得税の納付

　所得税の源泉徴収税額（源泉所得税）は、原則として給与を支給した日（源泉徴収をした日）の翌月10日までに納めます。納付は税務署などで行います。

　納付期限には特例があり、この場合は1月分から6月分を7月10日まで、7月分から12月分を翌年の1月20日までに納付することになり

ます。この特例は、給与の支給人員が常時10人未満である事業所が受けることができます。また、「源泉所得税の納期の特例の承認に関する申請書」を給与等の支払いを行う事務所の所在地を所轄する税務署長に提出する必要があります。この特例を適用していた事業所の給与の支給人員が10人以上になった際には、「源泉所得税の納期の特例の要件に該当しなくなったことの届出書」を提出しなければなりません。提出された年から特例が適用されなくなります。

　源泉徴収税額は以下の手順によって算出します。

（課税対象額の計算）
　給与総額－非課税額－社会保険料等＝課税対象額
（税額）
　課税対象額から国税庁公表の「給与所得の源泉徴収税額表」に基づいて算出

　「非課税額」とは、たとえば通勤手当などのように所得税が非課税となる支給額のことです。

■ 所得税・住民税の納付および納入 ……………………………………

社会保険料等を算出するためには予め「扶養控除等（異動）申告書」を社員に提出してもらい、扶養親族控除や配偶者控除、障害者控除等の有無などを確認しなければなりません。課税対象額が算出された後に「給与所得の源泉徴収税額表」に照らし合わせて源泉徴収税額を出します。

　なお、年の途中で会社（扶養控除等申告書を提出している会社）を退社して、その後別の会社に入社した場合、後で入社した会社に新たに申告書を提出することになります。

● 徴収した住民税の納付

　住民税も所得税と同様で、企業に勤めている会社員の場合は会社が給与を支払う時点で徴収することが定められています。会社員などの給与所得者の場合、一般的に特別徴収によって住民税が徴収されることになります。特別徴収とは、市区町村に代わって会社などの事業所が労働者から住民税を徴収し、市区町村に納入する方法です。

　住民税は、原則として給与を支給した日（特別徴収をした日）の翌月10日までに納入します。納期の特例を受けている場合は、6月分から11月分を12月10日までに、また、12月分から翌年の5月分を翌年6月10日までに納めることになります。

　労働者が退職をした場合は、本人から申し出があれば、最後の給与や退職金から残りの期間分の住民税を一括徴収することもできます。一括徴収したときは、その月の翌月10日までに住民税を納入します。退職日が1月1日から4月30日までの場合、本人からの申し出の有無にかかわらず、残りの期間分の住民税を一括徴収・納入することになります。

年末調整について知っておこう

1年間に納めるべき所得税額を計算する

● 給与と賞与にかかる税額を精算する

　年末調整は、役員や労働者に対する毎月の給与や賞与から源泉徴収をした所得税の合計額と、その人が1年間に納めるべき所得税額との差額を調整するための手続きです。

　会社などの事業所では、役員や労働者に対して報酬や給与（賞与を含む）を支払う際に所得税の源泉徴収を行っています。しかし、その年1年間に給与などから源泉徴収した所得税の合計額は、労働者などが1年間に納めるべき税額と必ずしも一致するわけではありません。そこで、1年間に源泉徴収した所得税の合計額と、本来役員や労働者が1年間に納めるべき所得税額とを一致させる必要があります。

　つまり、年末調整において計算された1年間に納めるべき所得税額が源泉徴収した所得税の合計額よりも多い場合は差額分だけ給与等から追加の徴収を、少ない場合は差額分だけ還付を行うのです。

　年末調整は1年の最後の給与が支給されるときに行います。給与が支給された後に賞与が支給されることになっている場合は、賞与の支給後に年末調整を行うこともできます。

　給与で年末調整を行った後に賞与を支給することにしている場合、後に支払う賞与の額を加えた額で年末調整を行う必要があります。もし、見込んでいた賞与額と異なる額を支給することになった場合、年末調整をやり直さなければならないという点に注意が必要です。これは賞与で年末調整をして、その後に給与を支給するとしている場合も同じです。

● 年末調整の手順を確認する

年末調整は、労働者に1年間に支払う給与（賞与を含む）の額を合計して、次のような手順で計算を行います。

手順1 給与所得控除後の給与の額を求める

1年間に支払う給与の合計額から給与所得控除後の給与の額を求めます。給与所得控除後の給与の額は、「年末調整等のための給与所得控除後の給与等の金額の表」で求めます。

手順2 所得控除を差し引く

給与所得控除後の給与の額から扶養控除や生命保険料控除などの所得控除を差し引きます。

手順3 税額を求める

②の所得控除を差し引いた金額に所得税の税率をあてはめて税額を求めます。

手順4 税額控除をする

年末調整で住宅借入金等特別控除などの税額控除を行う場合には、求めた税額から控除額を差し引きます。差引後の税額が、その労働者が1年間に納めるべき所得税額になります。

手順5 還付または徴収をする

最後に、源泉徴収をした所得税の合計額が1年間に納めるべき所得税額より多い場合には、その差額をそれぞれの労働者に還付します。逆に、源泉徴収をした所得税の合計額が1年間に納めるべき所得税額より少ない場合には、その差額を労働者に支払うべき給与（または賞与）から徴収します。

年末調整の **手順2** で出てくる扶養控除や配偶者控除の金額は、扶養人数によって変わってきます。1年間の所得税額を計算するときは、その年の12月31日現在の状況によって扶養親族等の数を判断します。しかし、年末調整が12月31日より前の日程で行われると、年末調整終了後から12月31日までに扶養人数が変わる可能性があります。この場合、

本来の１年間に納めるべき所得税額と年末調整によって計算された所得税額が一致しません。扶養人数が減った場合は、対象者から「給与所得者の扶養控除等（異動）申告書」を再度提出してもらった上で、年末調整をやり直し、不足分の所得税を徴収しなければなりません。

一方、結婚するなどして扶養人数が増えた場合は、源泉徴収票を作成、交付するまでに、対象者から「給与所得者の扶養控除等（異動）申告書」の提出を受け、年末調整をやり直すことができます。年末調整をやり直さない場合であっても、対象者が確定申告をすることで所得税の還付を受けることができます。

● 年末調整の対象となる人

年末調整の対象となる人は、年末調整を行う日までに「給与所得者の扶養控除等（異動）申告書」を提出している一定の人です。「給与所得者の扶養控除等（異動）申告書」とは、給与所得者が、給与について配偶者控除や扶養控除、障害者控除などの控除を受けるために行う手続きにおいて必要事項を記載する書面です。

年末調整の対象となる人は、12月に年末調整を行う場合と、年の途中で行う場合とで異なります。

まず、12月に行う年末調整の対象となる人は、会社などの事業所に

■ 年末調整を行う時期 ……………………………………………

ケース	年末調整を行う時期
①年の途中で死亡したとき	退職時
②著しい身体障害により年の途中で退職し、その年中に新たな職に就いて給与を得ることができないとき	
③12月中に支払期の到来する給与が支給された後に退職したとき	
④年の途中で海外勤務になったなどの理由で、非居住者(※)となったとき	非居住者となった時

（※）国内に住所や居所をもたないことになった者

12月の末日まで勤務している人です。1年間勤務している人だけでなく、年の途中で就職した人や青色事業専従者（個人事業者の配偶者などで事業を手伝い、給与をもらっている者）も年末調整の対象になります。ただ、①1年間に受け取る給与の総額が2,000万円を超える人、②災害減免法の規定により、その年の給与に対する所得税及び復興特別所得税の源泉徴収について徴収猶予や還付を受けた人など、一定の場合には、年末調整の対象にはなりません。

次に、年の途中で行う年末調整の対象となる人は、次の5つのいずれかにあてはまる人です。

ⓐ　1年以上の予定で海外の支店などに転勤した人

ⓑ　死亡によって退職した人

ⓒ　著しい心身の障害のために退職した人（退職した後に給与を受け取る見込みのある人は除きます）

ⓓ　12月に支給されるべき給与などの支払いを受けた後に退職した人

ⓔ　パートタイマーとして働いている人などが退職した場合で、本年中に支払いを受ける給与の総額が103万円以下である人（退職した後に給与を受け取る見込みのある人は除く）

● 年末調整の対象となる給与

年末調整の対象となる給与は、その年の1月1日から12月31日まで（年の途中で退職した人などについては、退職時まで）の間に支払うことが確定した給与です。実際に支払ったかどうかに関係なく未払いの給与も年末調整の対象になります。逆に、前年に未払いになっていた給与を今年になって支払った場合、原則としてその分は含まれません。

また、通勤費、旅費、食事代などの特殊な給与で非課税扱いとならない部分についても年末調整の対象になります。通勤手当のうち非課税となるものとは、電車バスなどの交通機関を利用して通勤している場合は、1か月当たり15万円までの金額です。マイカーや自転車など

を使って通勤している場合、「2km以上10km未満の場合4,200円」など、片道の通勤距離に応じて、非課税限度額が定められています。

　年末調整の対象となる給与は年末調整をする会社などの事業所が支払う給与だけではありません。たとえば、年の途中で就職した人が就職前に他の会社などで給与を受け取っていたケースがあります。このような場合は、前の会社などで「給与所得者の扶養控除等申告書」を提出していれば、前の会社などの給与を含めて年末調整をすることになります。前の会社などが支払った給与の支給金額や源泉徴収税額や社会保険料の額は、前の会社などが発行した源泉徴収票によって確認します。源泉徴収票の提出がない場合には、年末調整ができませんので、すぐに労働者にその旨を伝えて提出してもらいましょう。

　なお、年末調整の中で給与所得から差し引く所得控除については、年の途中で就職した人であってもその全額の控除が認められます。

■ 年末調整の事務手順

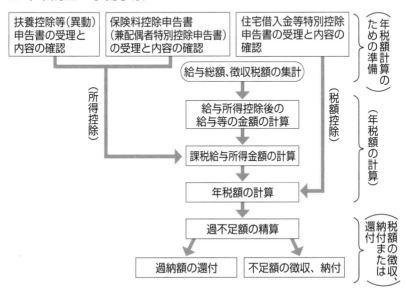

報酬・料金の支払時の処理はどのように行うのか

支払の都度所得税を源泉徴収する

● 報酬・料金などの支払と源泉徴収

　会社員の給与が源泉徴収されるのと同様に、個人に対して報酬・料金などを支払う法人や一定の個人は、その支払いの都度所得税を源泉徴収しなければなりません。源泉徴収が必要な報酬・料金に該当するものが何であるかは、所得税法204条に具体的に限定列挙されています。例としては、弁護士、税理士、公認会計士、司法書士など特定の資格を持つ個人への報酬、個人に対する原稿料などが挙げられます。また、この報酬・料金は、たとえ謝礼、取材費、車賃、記念品代等の名目で支払われていても、それぞれの報酬・料金として源泉徴収する義務があります。

　なお、源泉徴収する必要があるのは個人へ支払う場合のみで、法人へ支払う場合は源泉徴収は不要です。たとえば、毎月の顧問料を税理士個人に支払う場合には源泉徴収が必要になりますが、税理士法人に支払う場合には源泉徴収は必要ありません。株式会社などの会社に対する支払いも当然に源泉徴収は不要です。

　また、報酬や料金として支払ったものであっても、給与所得や退職所得に該当するものについては、それぞれ給与所得または退職所得としての源泉徴収を行います。

● 源泉徴収のしくみ

　源泉徴収すべき税率は、報酬・料金の所得の種類により決められています。原則として支払金額が100万円以下であれば10.21%で、支払金額が100万円を超える場合には、その超える部分の金額について

20.42％とするのが一般的です。たとえば150万円の報酬の場合、まず100万円に対して10.21％の税率を掛けて102,100円と計算します。100万円を超えた50万円分については、20.42％の税率であるため、税額は102,100円です。これらを合算して204,200円が報酬に対する源泉徴収税額になります。ただし、司法書士と土地家屋調査士に対する報酬・料金については変則的な計算方法となっており、支払金額から1万円を差し引いた金額の10.21％です。たとえば報酬が5万円である場合、1万円差引後の4万円に10.21％の税率を乗じて4,084円が源泉徴収税額となるわけです。

　また、懸賞の賞金など、広告宣伝のために支払う賞金を支払う場合は、賞金等の額から50万円を差し引いた残額に、所得税と復興特別所得税を合わせた10.21％の税率を乗じた金額を源泉徴収します。たとえば、懸賞について100万円の賞金を支払う場合には、51,050円を源泉徴収することになるため、受取人には948,950円を支払うことになります。

■ 報酬・料金の取扱いと源泉徴収の方法 ……………………………

報酬・料金の種類	源泉徴収税額の計算方法
原稿料や講演料 弁護士や税理士に支払う報酬・料金 専属契約等で支払う契約金	●1回の支払金額が100万円以下の場合 　支払金額×10.21％ ●1回の支払金額が100万円超の場合 　(支払金額−100万円)×20.42％+10万2,100円
司法書士・土地家屋調査士に対する報酬・料金	(支払金額−1万円)×10.21％
外交員に支払う報酬・料金	{支払金額−(12万円−給与支給額)}×10.21％
ホステス等に支払う報酬・料金	(支払金額−5,000円×日数)×10.21％
広告宣伝のために支払う賞金	(賞金等の額−50万円)×10.21％

外交員に対して報酬・料金を支払う場合は、支払金額から1か月当たり12万円（その月中に支払われる給与等の控除後の金額）を差し引いた残額に10.21％の税率を乗じます。

ホステス等に対して報酬・料金を支払う場合は、1回に支払われる金額から計算日数に5,000円を乗じた金額を差し引き、その残額に対して10.21％を乗じます。

なお、税率が10.21％などと小数点以下があるのは、復興特別所得税分が含まれているためです。復興特別所得税は、東日本大震災からの復興のための財源確保を目的とした復興財源確保法に基づく税金です。そのため、従来の所得税と併せて、従来の所得税額に対して2.1％に相当する復興特別所得税も源泉徴収されます。源泉徴収税額の計算上生じた端数は切り捨てます。

源泉徴収をする対象となる報酬・料金の金額は、原則として消費税込の金額です。たとえば95万円の報酬・料金を支払う場合には、10％の消費税込では1,045,000円です。この場合の源泉徴収税額は、100万円部分に対する源泉税額102,100円と、100万円を超えた45,000円部分に対する源泉税額9,189円の合計額です。ただし、請求書等で報酬・料金の金額と消費税額が明確に区別されている場合は、その報酬・料金の税抜金額のみを源泉徴収する対象額としても差し支えありません。

● 納付の時期

所得税の源泉徴収税額は、原則として報酬・料金を支給した日（源泉徴収をした日）の翌月10日までに納める必要があります。ただし、給与の支給人員が常時10人未満である事業所の場合には、納付時期を7月と翌年の1月の年2回とする納期の特例を利用することができます。

確定申告と青色申告について知っておこう

毎年2月16日から3月15日までに行う

● 確定申告とは

　所得税などを納税者が自ら計算して税額を確定し、税務署に申告することを**確定申告**といいます。確定申告は、原則として毎年2月16日から3月15日の1か月間に所轄の税務署に対して行います。対象となるのは、前年の1月1日から12月31日までの1年間のすべての所得です。納税となる場合の納付期限も確定申告期限の3月15日です。

　この期限までに申告・納付をしないときは、無申告加算税や延滞税といった罰金的な税金が課されます。

● 会社員の確定申告

　会社員の場合は、通常は年末調整を行えば所得税は精算されますので確定申告は不要です。ただし、会社員でも年間の給与等が2,000万円を超える人や1か所から給与等の支払いを受けている人で、給与所得および退職所得以外の所得金額が20万円を超える人、2か所以上から給与の支払いを受けている人で主たる給与ではない給与が20万円を超える人などは確定申告をしなければなりません。同族会社の役員、親族等で、給料の他にその同族会社から貸付金利息や家賃等の支払いを受けている人は、給与所得および退職所得以外の所得金額が20万円以下でも確定申告が必要になります。また、その年に生じた純損失（マイナスの所得）につき、翌年以後に繰り越して控除を受けるためには損失申告用の確定申告書を提出することが必要です。

● 青色申告には税務上の特典がある

　確定申告には、青色申告と白色申告があります。青色申告を選択できる人は、①不動産所得、②事業所得、③山林所得のいずれかの所得を得ている納税者に限られています。青色申告には節税効果のある様々な特典があります。しかし、青色申告では決められた帳簿書類を備えつけて、毎日の取引を正確に記帳し、帳簿に基づいて確定申告をする必要があります。

● 税務署の承認と開業時期

　青色申告で確定申告をしようとする場合には、「所得税の青色申告承認申請書」を所轄の税務署に提出して承認を受けなければなりません。いままで白色申告していた人が青色申告をしようとする場合は、青色申告しようとするその年の3月15日までに、申請書を提出しなければなりません。遅れると青色申告できる年が1年延びてしまいますので注意が必要です。同様に、新規に開業する人は、1月15日以前に開業したときはその年の3月15日までに、1月16日以降の場合は開業の日から2か月以内に提出する必要があります。

● 青色申告の主な特典について

　代表的な特典は次のとおりです。

① 　青色事業専従者の給与を必要経費に算入できる

　原則として、家族に支払う給与は必要経費にはできませんが、届出によって事業に従事する家族の給与（合理的な金額の範囲内）を必要経費とすることができます。この場合にも、その年の3月15日までに「青色事業専従者給与に関する届出書」を提出する必要があります。

② 　青色申告特別控除が受けられる

　最高65万円の青色申告特別控除を所得金額から差し引くことができます。

③ **赤字の繰越控除、繰戻還付などが受けられる**

　過去３年間の赤字金額をその年の黒字の所得金額から控除したり、その年に生じた赤字金額に相当する前年分の税金の還付を受けることができます。

④ **租税特別措置法の適用を受けられる**

　租税特別措置法による特別償却制度や税額控除制度の適用が受けられます。

　これら４つの特典の他にも、青色申告の特典は細かいものも含めると40種類以上あります。記帳等にかかる手間以上のメリットが青色申告にはあるといってよいでしょう。

■ 確定申告の流れ ‥‥‥‥‥‥‥‥‥‥‥‥‥‥‥‥‥‥‥‥‥

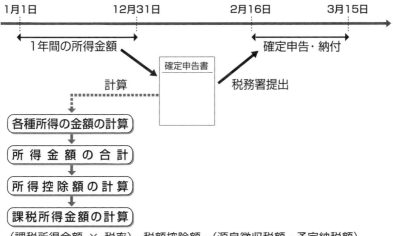

（課税所得金額 × 税率）－税額控除額－（源泉徴収税額・予定納税額）
　　　　　　　　　　　　　＝納付税額または還付税額

所得税の還付について知っておこう

還付金の請求は５年で時効により消滅する

◎ 還付申告とは

　還付申告とは、いままでに支払った税金（源泉徴収税額など）を税務署から還してもらうための申告です。所得税では、確定申告書を提出する義務はなくても、法律の規定に従って税額の計算をすると源泉徴収税額などが納め過ぎになっている場合には、確定申告書を提出すれば税金の還付が受けられることになっています。この手続きが還付申告です。

　還付申告をすることで税金つまり所得税が還付されますが、還付申告するメリットはこれだけではありません。還付申告をすると、翌年度の住民税の計算にも影響してくるのです。また、通常、確定申告の申告期間は２月16日から３月15日までですが、還付申告は２月16日以前であっても１月１日から行うことができるため、混雑を避けて申告の相談や申告自体もすることが可能になります。

・会社員の還付申告

　会社員が還付申告によって税金が還付されるケースとしては、次の場合が考えられます。

① 年の中途で退職して年末調整を受けず、その後その年に他の所得がないため源泉徴収税額が過納となっている場合

② 災害などにより住宅、家財に損害を受け、雑損控除の適用を受けることができる場合

③ 一定額以上の医療費を支払ったため医療費控除の適用を受けることができる場合

④ 配当控除や住宅ローン控除の適用を受けることができる場合

⑤　退職金の支払いを受ける際、「退職所得の受給に関する申告書」を提出しなかったため、20.42％の税率で源泉徴収された場合

⑥　特定の寄附金を支出したため、寄附金控除の適用を受けることができる場合

・個人事業主の還付申告

　個人事業主が還付申告によって税金が還付されるケースとしては、次の場合が考えられます。

①　原稿料などから源泉徴収された税額が、計算した申告納税額より多い場合

②　予定納税を行っていて、その納税額が計算した申告納税額より多い場合

・還付申告できない場合

　源泉徴収された所得税であっても、以下の４つについては、源泉分

■ 還付申告・更正の請求 ………………………………………………

 還付申告とは ➡ 請求できる日から5年以内に行うこと!!

⬇

税務署から還付申告を促す旨の通知はないので、納税者自らが還付申告をしないと、税金を取り戻すことはできない

※（還付申告をしなくても税務署の処分はないが、確定申告をすべき人が確定申告をしないと税務署の処分（決定）がある）

 更正の請求は ➡ 確定申告書の提出期限から5年以内に行うこと!!

⬇

更正の請求とは確定申告書を提出した人が申告書に記載した税額などが多すぎたと気付いたときにその減額を税務署に請求できる手続のこと

離課税となっているため、確定申告によっても還付を受けることはできません。

① 銀行預金などの利子所得

② 特定の金融類似商品から生ずる所得

③ 特定の割引債の償還差益

④ 一時払養老保険の差益

・還付請求できる期間

　還付金は、請求できる日を含む年を経過しても、さかのぼって請求することができます。所得税の税率や特例などは年によって変わることがありますが、ある年の還付請求を3年後にした場合、その税額はあくまでも対象年の税率や特例を基に計算されます。

　還付請求は、請求できる日から5年間の間に行わないと時効により消滅しますので注意が必要です。

◉ 更正の請求とは

　すでに確定申告をしている人が、その確定申告した年分の所得税につき、税法の規定に従っていなかったり、計算に誤りがあり、納付額の過大や還付額の不足があったことに気づいた場合には、還付申告ではなく、**更正の請求**という手続きをすることができます。たとえ、計算に誤りがあったために税金を多く払いすぎていたとしても、確定申告をした人から請求をしない限り、納めすぎた金額を税務署の方から還付してくれるわけではないのです。

　この手続きは、誤り等の内容を記載した「所得税の更正の請求書」という書類を税務署に提出することにより行います。更正の請求ができる期間は、原則として確定申告書の提出期限から5年です。

e-Tax（イー・タックス）で税務申告を効率化しよう

　所得税の確定申告など税務申告を行う際に、最近では紙の税務申告書を印刷して、税務署に持参したり、郵送する方法以外に、**e-Tax**と呼ばれる電子申告システムを利用してインターネット上で税務申告を行う人が増えてきました。

　e-Taxを利用するには、国税庁のe-Taxに関するホームページ（http://www.e-tax.nta.go.jp/）でPC環境などを確認した上で「電子申告等開始届出書」を事前に提出し、利用者識別番号を取得する必要があります。また、別途「電子証明書」を取得しておく必要があります。マイナンバーカードを持っていれば、ICカードに組み込まれた電子証明書を利用することができますので、それに対応するICカードリーダーライターだけ準備すれば大丈夫です。e-TaxにはPCにインストールするタイプのソフト版とブラウザ上で操作するWEB版があります。ソフト版のほうが対象となる手続が多く、法人税申告や消費税申告などにも対応しています。WEB版でも所得税申告の他、預り源泉所得税を納付する際の徴収高計算書などを提出できますので毎月の事務の効率化に役立ちます。

　なお、地方税では多くの自治体でeLTAX（エルタックス）と呼ばれる地方税ポータルサイトが利用できるようになっており、手続を電子的に行うことができます。e-Taxと合わせて利用すると便利です。税務申告だけでなく、税金の納付でも活用したい便利な制度があります。まず、「振替納税」制度を利用すると、通常3月15日となる所得税の納付期限が約1か月後の銀行引落となるので資金的にも余裕が出ます。また、現在では所得税を始めとするほぼすべての国税で「クレジットカード納付」が利用できます。

【監修者紹介】
武田　守（たけだ　まもる）
1974年生まれ。東京都出身。公認会計士・税理士。慶應義塾大学卒業後、中央青山監査法人、太陽有限責任監査法人、東証１部上場会社勤務等を経て、現在は武田公認会計士・税理士事務所代表。監査法人では金融商品取引法監査、会社法監査の他、株式上場準備会社向けのIPOコンサルティング業務、上場会社等では税金計算・申告実務に従事。会社の決算業務の流れを、監査などの会社外部の視点と、会社組織としての会社内部の視点という２つの側面から経験しているため、財務会計や税務に関する専門的なアドバイスだけでなく、これらを取り巻く決算体制の構築や経営管理のための実務に有用なサービスを提供している。
著作として『株式上場準備の実務』（中央経済社、共著）、『入門図解　会社の税金【法人税・消費税】しくみと手続き』『不動産税金【売買・賃貸・相続】の知識』『入門図解　消費税のしくみと申告書の書き方』『入門図解 会社の終わらせ方・譲り方【解散清算・事業承継・Ｍ＆Ａ】の法律と手続き実践マニュアル』『図解で早わかり　会計の基本と実務』『個人開業・青色申告の基本と手続き 実践マニュアル』『図解で早わかり　会社の税金』（小社刊）がある。

すぐに役立つ
これだけは知っておきたい！
最新　暮らしの税金　しくみと手続き

2021年５月30日　第１刷発行

監修者　　武田守
発行者　　前田俊秀
発行所　　株式会社三修社
　　　　　〒150-0001　東京都渋谷区神宮前2-2-22
　　　　　TEL　03-3405-4511　FAX　03-3405-4522
　　　　　振替　00190-9-72758
　　　　　https://www.sanshusha.co.jp
　　　　　編集担当　北村英治
印刷所　　萩原印刷株式会社
製本所　　牧製本印刷株式会社
©2021 M. Takeda Printed in Japan
ISBN978-4-384-04868-1 C2032